Espiritualidad

Biografía

Fresia Castro M. Es periodista científica con Maestría en Arte. Hace más de treinta años inició una aventura espiritual que culminó en el desierto de Atacama, en Chile, donde vivió quince años.
Creó el Método Cyclopea de Activación Interna de la Glándula Pineal y comenzó a difundirlo por el mundo a principios de la década de los noventa. Este método es una herramienta vanguardista que une ciencia y espíritu para permitir al ser humano ir más allá de la capacidad cerebral que normalmente utiliza y que es, apenas el 10 por ciento.
El cielo está abierto, su primer libro, fue publicado en 2001 y lleva vendidas once ediciones.

Surameris y el cofre de los secretos, su segunda publicación, ha estado en las listas de best sellers en América Latina. Actualmente imparte conferencias y seminarios alrededor del mundo como presidenta de Cyclopea Worldwide, organización dedicada a expandir técnicas para la automaestría.

Fresia Castro M.
El símbolo final
Más que un método,
un plan para América Latina

DIANA

© 2013, Fresia Castro Moreno

Derechos reservados

© 2019, Editorial Planeta Mexicana, S.A. de C.V.
Bajo el sello editorial BOOKET M.R.
Avenida Presidente Masarik núm. 111, Piso 2
Colonia Polanco V Sección
Delegación Miguel Hidalgo
C.P. 11560, Ciudad de México
www.planetadelibros.com.mx

Diseño de portada: Ramón Navarro
Adaptación de portada: Cáskara / design & packaging
Fotografía de portada: © Shutterstock
Imágenes de las páginas 126, 133, 154, 189: CONACULTA. - INAH. - MEX.
Reproducción Autorizada por el Instituto Nacional de Antropología e
Historia.

Primera edición: mayo de 2013
ISBN: 978-607-07-1516-7

Primera edición impresa en México en Booket: febrero de 2019
ISBN: 978-607-07-5426-5

No se permite la reproducción total o parcial de este libro ni su incorporación a un sistema informático, ni su transmisión en cualquier forma o por cualquier medio, sea éste electrónico, mecánico, por fotocopia, por grabación u otros métodos, sin el permiso previo y por escrito de los titulares del *copyright*.

La infracción de los derechos mencionados puede ser constitutiva de delito contra la propiedad intelectual (Arts. 229 y siguientes de la Ley Federal de Derechos de Autor y Arts. 424 y siguientes del Código Penal).

Si necesita fotocopiar o escanear algún fragmento de esta obra diríjase al CeMPro (Centro Mexicano de Protección y Fomento de los Derechos de Autor, http://www.cempro.org.mx).

Impreso en los talleres de EDAMSA Impresiones, S.A. de C.V.,
Av. Hidalgo núm. 111, Col. Fracc. San Nicolás Tolentino, Ciudad de México,
Impreso y hecho en México – Printed and made in Mexico

Contenido

Presentación _____ 9
La Fórmula Divina (40 días para crear un paraíso) y América, el tesoro oculto que podemos descubrir

I
La Fórmula Divina
(40 días para crear un paraíso)

Aclaración _____ 15

Advertencia _____ 17

Prólogo _____ 19

La herencia _____ 25
- Día CERO _____ 31
- Día UNO _____ 33
- Día DOS _____ 34
- Día TRES _____ 34
- Día CUATRO _____ 36

Día CINCO	36
Día SEIS	37
Día SIETE	38
Día OCHO	39
Día NUEVE	41
Día DIEZ	42
Día ONCE-A	44
Día ONCE-B	45
Día DOCE	46
Día TRECE	48
Día CATORCE	49
Día QUINCE	50
Día DIECISÉIS	52
Día DIECISIETE	53
Día DIECIOCHO	55
Día DIECINUEVE	58
Día VEINTE	59
Día VEINTIUNO	62
Día VEINTIDÓS	63
Día VEINTITRÉS	65
Día VEINTICUATRO	67
Día VEINTICINCO-A	69
Día VEINTICINCO-B	70
Día VEINTISÉIS	73
Día VEINTISIETE	75
Día VEINTIOCHO	76
Día VEINTINUEVE	78
Día TREINTA	80
Día TREINTA Y UNO	82
Día TREINTA Y DOS	84
Día TREINTA Y TRES	86
Día TREINTA Y CUATRO	88
Día TREINTA Y CINCO	90
Día TREINTA Y SEIS	91

Día TREINTA Y SIETE _____ **92**
Día TREINTA Y OCHO _____ **94**
Día TREINTA Y NUEVE _____ **97**
Día CUARENTA _____ **100**
Día fuera de CRONOS _____ **104**

Experiencia de creación en la malla, individual y colectiva _____ **107**

II
*América, el tesoro oculto
que podemos descubrir*

¿Un plan secreto para América? _____ **121**

Información complementaria _____ **211**

Recuerdos y lecciones aprendidas _____ **219**

Epílogo _____ **227**

Bibliografía _____ **229**

Presentación

La Fórmula Divina (40 días para crear un paraíso) y América, el tesoro oculto que podemos descubrir

De la herencia cósmica a la herencia americana

¿Qué relación puede haber entre la historia ancestral del continente americano, un programa estelar y la activación de circuitos electrónicos en el ser-energía que es el hombre?

Si seguimos las pistas que se encuentran en el documento *América, el tesoro oculto que podemos descubrir,* develarás la importancia de haber nacido en este rincón del mundo y el rol que nos corresponde jugar en este tiempo, como herederos de un pasado grandioso y enigmático, que comienza a entregar su información como si hubiera un acuerdo más allá del tiempo y del espacio.

Es el momento en que todo debe ser activado, el pasado y el futuro colapsan en la gran creación de un presente, para manifestar el futuro potencial de un continente hacia su esplendor y lograr convertirse en un ejemplo para el mundo. ¿Podremos lograrlo?

Entonces se hace necesario comenzar a preguntarse si estamos preparados para responder a esa responsabilidad que parece haber llegado sin consultarnos, pero que de manera ineludible nos corresponde asumir.

¿Profecías ancestrales? ¿Conocimientos iniciáticos? ¿Hallazgos recientes? ¿Designios cósmicos? ¿O sencillamente un proyecto individual y colectivo para un nuevo mundo?

Ante todo es bueno saber que en toda nuestra historia ancestral, que no es precisamente la que conocemos de manera oficial, hay mensajes que se leen a través de la experiencia y de los eventos que subyacen en los pliegues de las leyendas y las crónicas. Estas emergen a través del tiempo y hoy se muestran con otro rostro, más interesante y digno de ser investigado, precisamente porque está surgiendo una extraña similitud con hallazgos y estudios que no podemos ignorar. Existen antecedentes y pruebas físicas en estos últimos años que dan fe de ello.

La historia que nos han contado y que hemos aceptado y continuamos creyendo, aquella llena de eventos que se mueven entre resultados de las creaciones de los hombres, entre el acierto y el error, pero dormidos a su propia percepción de sí mismos, avala y defiende la soberbia humana que toma en cuenta solamente aquellos eventos que lo dejan como único hacedor y soberano de sus propios límites y transitoriedad en una sociedad, ahora global.

Seguimos aprendiendo importantes fechas de batallas, auges y ocasos de imperios y gobiernos. Hemos destacado y dadas por únicas respuestas aceptadas oficialmente mediante hechos solo verificables por la escasa capacidad que tenemos de comprensión del Universo y sus leyes. Todo ello sin preguntarse en serio ni indagar respuestas que subyacen en nuestro interior: ¿Quiénes somos? ¿Qué estamos haciendo aquí? Y, ¿hacia dónde vamos? Y por supuesto resolverlas.

Este cuestionamiento, que en un principio pareció ser únicamente un postulado filosófico sobre la existencia del hombre, hoy se abre no solo a la comprensión de esas posibles respuestas, sino que también a la experiencia de la recuperación de potencias hasta hace muy poco ignoradas.

El manual *La Fórmula Divina (40 días para crear un paraíso)* contiene la preparación destinada a apoyar este desafío hacia el descubrimiento del nuevo mundo, esta vez al interior de sí mismo para ser revelado y aplicar sus resultados en la creación colectiva de la nueva historia. Es la entrega del vínculo con la herencia del ser, aquél aparente secreto guardado en la esencia de los cánones conductuales de las guías espirituales y sociales a través de los tiempos y culturas, hacia la recuperación de su identidad primera, cuando los actos eran patrimonio de los reinos de perfección creadora.

Creo firmemente que si logramos encender nuestro patrón electrónico (luz) que es el principio de nuestra identificación con el modelo original de creación, cuyas claves han estado disponibles al buscador incesante y a la vez ocultas a la vista ortodoxa, podremos llegar a impulsar nuestro continente hacia la iluminación de la verdad y el correcto actuar, que nos liberará de las cadenas a las que hemos estado autosometidos por eones. El Universo está con nosotros.

Esta es una invitación a compartir, desde mi experiencia personal, la práctica de esta fórmula, una técnica simple y eterna que une ciencia y espíritu. Es mi contribución a quienes se sienten identificados con la certeza de que todo comienza y termina en uno para implantar un nuevo mundo, más feliz, más amor.

La Fórmula Divina (40 días para crear un paraíso) y América, el tesoro oculto que podemos descubrir, dos libros en un solo volumen. Hay una relación entre ambos, pues el primero constituye la preparación interna individual, como habitante de Latinoamérica, el continente que las profecías andinas anuncian como detonador del nuevo tiempo, el del esplendor, que se detalla en el segundo, con una nueva y vanguardista percepción de nuestra historia.

Fresia Castro

I
La Fórmula Divina

40 días para crear un paraíso

No hay fechas, anuncios, ni nada externo, bueno o malo, que valga cuando alcanzamos la revelación en nosotros mismos y creamos el futuro que merecemos a través de nuestros actos… el paraíso en la Tierra.

Aclaración

Este libro entrega la fórmula original del ser, no es un método más, tampoco es el método de activación interna de la glándula pineal, cuya información y práctica se encuentran en el libro *El cielo está abierto*. Es el principio fundamental para cualquier activación interna de los diferentes programas electrónicos contenidos en nuestro equipo a través de sus numerosos circuitos, redes y chips (encendido red pineal-pituitaria, activación dínamo-cerebelo, chip central cardíaco, etc.), que nos pertenecen por derecho primordial, pero que es necesario recuperar por nosotros mismos. La fórmula está, solo hay que integrarla y aplicarla en cada pensamiento, decisión y acción creadora en esta vida. Es tan simple… lo que no siempre es sinónimo de fácil y está en tus manos, pues nuestra memoria-humanidad nos desvía a cada instante de la recuperación de la perfección y del AMOR.

Advertencia

Este volumen que tienes en tus manos no es un libro de autoayuda. No pretende guiar de la mano a nadie. Tampoco es una terapia. No entrega conocimiento ni abre foros de consulta o discusión. Su objetivo es entregar la fórmula para que tú mismo enciendas el equipo de vuelo y asumas tu perfección original en libertad.

Si eres escéptico, no pierdas tu tiempo, no te lo recomiendo, se necesita la certeza de lo invisible que tienen los científicos. ¿Esto último te parece contradictorio? Averigua, entonces, ¿por qué ellos siempre esperan que las respuestas les lleguen desde lo invisible a través de un resultado… e insisten tanto?

Por todo lo anterior… si a pesar de cualquiera de esas condiciones quieres leerlo… ¡BIENVENIDO!

Prólogo

¿Cómo puedo describir libre y sanamente la importancia trascendental de esta fórmula, de manera que se entienda que no me incluyo en un rol protagónico ni mesiánico, sino solo como ser privilegiado por habérmelo correspondido experienciar su recuperación y comenzar a comprobar su trascendencia? Esta fue mi gran interrogante antes de iniciar este programa original de los 40 días para crear un Paraíso. La respuesta llegó sola... Tengo esa certeza, y realmente estamos ante la posibilidad efectiva de recuperar nuestra herencia ahora, no es necesario explicar nada más, invitar a la experiencia bastará y si hay quienes ven en esta invitación como una más, si así fue como pensaron, solo sigan estas informaciones y claves día a día, durante el tiempo que corresponda, y podrán ver cómo irán cambiando de parecer hasta llegar a comprenderme y compartir conmigo este privilegio. Así que, ¡adelante!

Un poco de historia

Lo primero que tuve que aceptar fue el hecho de que estas claves del origen, la fórmula definitiva y simple del ser para recuperar su identidad primordial, divina, sería entregada en un momento en que pocas personas podrían comprender la terminología y alcance de los efectos que tendría el método, cuando aún vivía en el desierto de Atacama, a principios de los noventa. Luego, entendí que se iba a disimular en medio de muchas otras técnicas de crecimiento personal que irían surgiendo, hasta la llegada de la señal que permitiría al ser comprender celularmente e integrar en su experiencia de creación el programa original emanado de la matriz del Universo, que existe dentro de cada individuo en el planeta.

Esa señal llegó y entonces decidí abrir la información a quien se sienta llamado a asumirla, y es el contenido de este libro.

De la complejidad a la que estamos acostumbrados, pasar a la simpleza máxima luego de haber activado memorias específicas de información, resulta inconcebible para muchos... solo la confirmación del éxito de esta fórmula por más de veinte años expandiéndose a muchos países, con resultados de experiencias asombrosas, que de seguir así efectivamente tendría una influencia trascendental en los procesos planetarios ascensionales, avalan esta aventura interna en busca del paraíso perdido.

En aquel tiempo, cuando al referirme al ser-energía o equipo electrónico que somos, hablaba de Fuente Generadora; arquetipo UNO; existencia de dos tipos de memoria genética; encaje de frecuencias; poder del sentimiento como reserva de poder; activar el switch; chips; procesos cocreativos; lo real es en lo invisible, todo lo demás son resultados, por lo tanto pueden ser cambiados; y tantos otros términos poco comunes en la época, unidos a una técnica de *activación de una glándula llamada pineal*. En esos tiempos aparecía en los rostros de mis interlocutores un signo de interrogación; nadie, o casi nadie, entendía de buenas a primeras lo que trataba de transmitir, claro, no importaba mucho, pues no pretendía entregar conocimiento intelectual o simple información, estaba transmitiendo información celular.

Y así fue como comenzó a crecer y expandirse esta recuperación del modelo original en cada vez más seres que vieron cómo recobraban la capacidad de conocer y ejecutar lo que la gente llama «milagros», pasando a ser eventos naturales de la existencia y que son lo que debe venir para la tierra en este tiempo. En la medida en que los años pasaron, la ciencia, mediante la física cuántica, la astrofísica, estudios genéticos y otras ramas de la investigación ortodoxa, empezó a hablar ese mismo lenguaje, pero esta vez por medio de situaciones de laboratorio y resultados de ecuaciones.

Hoy no solo está esa aproximación científica, sino que comenzaron a aparecer libros, técnicas de crecimiento personal, terapias y otras actividades destinadas a mejorar la condición humana, que usaban lenguajes parecidos, como si las grabaciones en la malla de parte de miles de personas que durante siglos fueron aportando sus experiencias iluminantes, y luego tantas otras que a partir del método de activación de la glándula pineal, hecho vida por tantos años, hubieran irradiado y transmitido sus experiencias desde estas altas frecuencias electrónicas, con el objeto de imprimir en la red creadora una cierta influencia conductora.

Al develarse este nuevo tipo de lenguaje, se produce una verdadera explosión en la toma de conciencia mundial de acelerar el proceso de autoconocimiento. Entonces se consolida la fórmula original, que desde el principio estuvo y está en la génesis del ser y permanece disponible en cada individuo, aunque para muchos, todavía ignorada.

En varias ocasiones, y especialmente en el libro *Surameris y el cofre de los secretos*, me referí al proceso extraordinario que dio lugar a mi experiencia iniciada en Chile, y luego de continuar en el sur de Francia, culminó en el desierto de Atacama, donde surgió la creación del Método Cyclopea de activación interna de la glándula pineal y cuya descripción está en el libro *El cielo está abierto*. Fue como empezar por el final, pues la activación de la red electrónica pineal-pituitaria, cuyos beneficios ya son bien conocidos, así como también la activación del chip cerebelo que permite la recuperación del cuerpo-luz, y con ello la posibilidad de la regeneración física, solo son posibles después de encender el programa original esencial que ahora entrego.

El programa original es la esencia del modelo primordial que existe en cada ser-energía encarnado en esta forma de vida. Es un circuito electrónico que solo puede ser encendido en un orden y fórmula específicos aplicados a cada objetivo.

Esta llave siempre ha estado disponible a través de los códigos de comportamiento humano, incluyendo la esencia de los movimientos espirituales que han marcado el devenir de la humanidad a lo largo de los tiempos.

Sin embargo, su presencia ha prevalecido oculta de manera natural por mucho tiempo. Primero por la necesidad de que el hombre haya alcanzado un grado de comprensión adecuado a la responsabilidad de su recuperación, y luego por las mismas debilidades humanas que velaron de forma intencional o por soberbia y reinterpretación esta herencia magnífica, haciendo a la mayoría de los seres humanos inaccesible a ella.

Ahora está de regreso, simple, puro y sin secretos, a través de Chile, país destinado a jugar un rol responsable dentro del gran plan del esplendor de América para irradiar al resto del mundo, como señalan nuestras profecías ancestrales y cuya historia Colón también conocía.

Así fue como los imponentes eventos, interpretados como «milagros», vividos tras la práctica de un caminar interno, profundo y permanente, me significaron tal privilegio, que no pude guardarlos solo para mí, no tanto por la necesidad de compartirlos, sino por el significado que tienen para los momentos planetarios.

Aún estoy caminando la vía, aprendiendo cada día, pero cuento con la fórmula, me reconozco en ella... soy la fórmula y el prototipo, al igual que tú cuando la apliques en tu vida.

La Fórmula Divina que se camufla en la identidad del ser para emerger solo cuando la intención de sacarla a luz es tan intensa que la experiencia se transforma en aventura interna y hace que el paisaje cambie, los encajes con panoramas alucinantes aparezcan y los símbolos se conviertan en circuitos... la paz sigue a la impaciencia y la plenitud se impone para convidar de la copa que desborda. ¿Frecuencias?, ¿sintonías?, ¿ambas? O simplemente, ¿«milagros»?

Detrás de los «milagros» hay leyes, grandes preceptos universales que se mantienen inexorables en la armonía perfecta de sus resoluciones.

La herencia que hoy está de vuelta al hombre en ese camuflaje previsto existe para quienes aprendieron discernimiento, determinación y automaestría.

Para LOS CREADORES DE UNIVERSOS.

La herencia

Sugerencias

¿Buscas la felicidad? ¿La inmortalidad? ¿El amor?... en fin... ¿la perfección? Todo está disponible para ti en cuanto TE digas sí. En cuanto dejes de buscar en lo complejo y en las facilidades que te ofrece lo externo. Es el momento de recuperar tu identidad y crear lo que siempre has soñado, de verdad. El Universo está con nosotros.

Tratar de doblar una barrita de metal con la mente o con las manos resulta imposible desde nuestro estado. La barra de metal es un resultado molecular, al igual que tu propia composición. Los campos moleculares solo obedecen al control de un campo de mayor frecuencia vibratoria, desde donde es posible modificarlos. La ciencia ya lo ha logrado hace un par de décadas. Cuando comprendas y actúes de acuerdo con esas leyes y actives tu equipo a ese potencial superior, podrás llegar a alterar el resultado de esa barra de metal, incluso doblarla instantáneamente. Aunque si alcanzas esas alturas, ya no te interesará cambiar esa condición porque habrás descubierto algo mucho más importante de realizar.

Deja entonces de explorar en nuestras propias conclusiones temporales, en nuestros propios vaticinios posibles, en lo basado en los avances típicos de nuestra forma de existencia, donde todo aparece externo, es transitorio, movible y removible. En la medida que la experiencia del ser descubre la falsedad, la parcialidad o relatividad de lo taxativo, o la fragilidad de lo que llamamos logros, puede verse cómo, más tarde o más temprano, esa felicidad alcanzada se diluye sin lograr sostenerla.

Es necesario cesar de buscar en todo lo que está fuera de nosotros, ajeno a nuestra propia experiencia y comenzar a vivir de una manera nueva, para descubrir las claves disponibles que moran en la esencia de la humanidad, cuando el ser empieza a conocerse a sí mismo. De otro modo, jamás alcanzaremos la verdad de la vida, y el acceso a la recuperación de nuestra herencia… es el tiempo.

Tú sabes que este tesoro estará disimulado entre muchas actividades distractoras de esta vida; atractivos laberintos con matices coloridos para quedar tranquilos y serenos, o agitados y distraídos, pero siempre sin haber logrado CONOCERSE A SÍ MISMO… y con ello poder recuperar definitivamente la herencia que hoy llega al ser para quedarse.

¿Qué es conocerse a sí mismo? Es descubrir en la propia experiencia la respuesta a las preguntas fundamentales del ser: ¿Quiénes somos? ¿Qué estamos haciendo aquí? ¿A dónde vamos? **Y realizarla**.

No importa si eres ateo o creyente, si eres agnóstico o gnóstico, si te declaras espiritual o te consideras una persona constructiva que hace las cosas a conciencia, o sientes que has errado y crees que la culpa te persigue; sea cual sea tu identidad elegida para representar tu creación en este mundo, buscas la perfección porque eres parte única y perfecta del Universo total y tu rol es volver a manifestar ese estado.

La separación es un estado y concepto que solo mora en este campo de polaridades divididas, en extremos opuestos, en el cual existimos transitoriamente bajo sus leyes. La verdad global es una sola, compuesta por todas las verdades creadas y por crear que gravitan en el Universo holográfico de la gran creación universal a la que pertenecemos, y sobre la cual creamos a cada instante de nuestra existencia diaria.

Baste saber que como seres energía, de origen superior, emanados de una matriz arquetípica única y perfecta, estamos completos en nosotros mismos... contenemos ambas polaridades, positivo, negativo, activo, pasivo, femenino, masculino, pero en manifestación física solo somos una mitad de nuestra identidad, hombres o mujeres. Necesitamos de la otra mitad externa y en principio desconocida para continuar con la creación de esta vida.

Todo ello porque nos manifestamos para habitar un universo de menor potencial y bajo sus leyes operamos en un mínimo de nuestra real capacidad, funcionando en bajo voltaje, y con esto aparecen el olvido y las limitaciones.

Sin embargo, nuestra historia no tiene comienzo ni fin, aunque en este relato así lo parezca. Tal como enseñan nuestros ancestros andinos cuando explican esta existencia en el símbolo sagrado de la cruz cuadrada andina o Chacana: *Este es un instante de vida del infinito que somos.*

Estelas de luz

Somos y constituimos uno de los, tal vez, infinitos multiversos, y apenas conocemos el nuestro, el individual y el colectivo, el interno y el externo. ¿Cuántas formas de vida diferentes e incomprensibles para nosotros existirán en todos ellos? Algunos científicos postulan que es posible la existencia de universos dobles, o sea, tal vez existan duplicados nuestros viviendo experiencias creadoras... ¿iguales?, ¿diferentes?, ¿complementarias?

Lo que sí está claro es que somos parte de la totalidad del Universo en todas sus formas a través del tejido entre nuestras propias creaciones y la gran creación infinita UNO y que, dependiendo de la calidad amorosa de nuestros sentimientos para manifestar esas creaciones, serán los resultados y modificaciones de la malla de la totalidad. Cuando comprendemos esto, sentimos nuestro rol creador y la gran responsabilidad que nos atañe, y descubrimos que en nuestra identidad somos ¡Creadores de Universos!

¿Cuántos seres que una vez habitaron nuestro Universo hoy pertenecerán a otros?, ¿superiores?, ¿parecidos? Lo que sí sabemos es que esta interacción solo es posible si sintonizamos en frecuencias, y para ello simplemente seguimos creando. Si nuestras manifestaciones son positivas, estaremos más cerca de esos reinos de perfección, y si son negativas, entonces, bueno, mejor no pensar, desviemos la atención y actuemos para que nuestro planeta y la humanidad accedan a la recuperación del Paraíso perdido, o más bien, el Paraíso olvidado.

Es la ley del libre albedrío. Tal ley solo existe en esta forma de existencia y es requerimiento para salir de las limitaciones autocreadas por nuestras mismas decisiones, entre el acierto y el error, ya que en los mundos superiores toda creación se manifiesta de manera perfecta y no es necesario elegir entre extremos posibles, sino que solo la elección es conforme a lo deseado, sin alternativas erradas ni positivas, solo perfectas y en expansión constante. Es la diferencia entre un campo atómico, como el que habitamos, donde existen las polaridades separadas y un campo electrónico (luz) donde hay ausencia de división.

Muchas veces, ante eventos difíciles, la humanidad se dirige a lo alto pidiendo ayuda y espera que ello suceda. Antes hay que ser aquello en sí mismo para que esta conexión resulte efectiva. ¿Qué significa «ser aquello»? Para recibir, no es solo pedir, sino estar a la altura de lo que se solicita; es decir, sintonizar en las frecuencias accesibles al estado superior. Por eso, los llamados «milagros» nada más son prerrogativas de los llamados «santos», o los grandes yoguis.

La palabra *petición* en los campos electrónicos tiene su referencia en «sintonía», «comunicación por vibración». Por eso, pedir desde el limitado significado en el mundo atómico equivale a pedir y recibir con todas las variables de si resulta o no. Sin contar que generalmente se solicita algo desde el sentimiento de necesidad o carencia de aquello, o bien desde el dolor y el reclamo angustioso.

Para acceder a la manifestación de lo deseado (desde el campo de la perfección) se debe cumplir con la Ley que exige sintonizar (sin opuestos ni alternativas) con las frecuencias de perfección (ausencia de polaridades separadas).

Entonces, cuando se *pide* o se determina desde ese campo, debe corresponder a crear las manifestaciones en esa sintonía. Así, si se pide asistencia superior, antes hay que estar preparados para ello, es decir, aplicar en sí mismo la fórmula que permita adquirir ese estado, y entonces se produce el enlace y la manifestación llega perfecta.

Antes de comenzar, siento que mi responsabilidad es decirles que todo lo que recibirán no se basa en absoluto en códigos de este mundo, ni en recopilación alguna de informes o técnicas actuales o antiguas. Tampoco, y con el respeto que merecen, es canalización o lecturas de registros, ni ninguna forma parecida de acceder a algún conocimiento que no sea con base en la experiencia de acceso directo y natural que todos tendremos próximamente.

Sin embargo, pertenece a lo extraordinario que marcó mi vida para siempre, el día que supe, dejando de lado mi anterior escepticismo y rebeldía, que existían Maestros, amigos estelares y una gran familia UNO bajo cuyas amorosas reglas comencé el camino hacia la automaestría y la responsabilidad creadora para recuperar el Paraíso olvidado y ayudar a su expansión. Es el tiempo de informar y preparar, pero no aún el de descorrer totalmente el velo… porque esa respuesta puede no ser descifrable en este campo.

Inicio y preparación
Nada hay oculto que no sea revelado.

¡ES EL TIEMPO...! PREPARA TU EQUIPAJE Y SIGUE LA RUTA, BUSCA Y TOMA LAS HERRAMIENTAS Y COMIENZA A PREPARAR AL CREADOR DE UNIVERSOS QUE DUERME EN TI. LAS LÍNEAS DEL TIEMPO SE ESTÁN CREANDO... ¡LAS ESTAMOS CREANDO!

ES LA ÚLTIMA OPORTUNIDAD ANTES DEL CIERRE DE UN PERÍODO PARA EL INICIO DEL NUEVO CICLO. LA CRUZ SE DESHACE, SE ABREN SUS EXTREMOS Y LA VIDA SE EXPANDE EN EL UNIVERSO. LA ESPADA DE LUZ (GRIAL Y HERENCIA-AMOR) EMPIEZA A ESPLENDER, Y ES EL MOMENTO DE RECUPERARLA.

✧
Recomendación

Durante 40 días recibirás información. No la analices, déjala deslizarse por tus memorias dormidas, sin tiempo ni espacio, en un eterno presente, en la atemporalidad que te pertenece.

Avanza por estas jornadas, sin saltar ninguna... si solo las lees, lento o rápidamente, no te servirá más que para acumular conocimiento en forma muy limitada, ni más ni menos que un décimo de tu potencial original.

Si te aventuras a leer el final, la curiosidad nunca ha sido buena consejera y por lo tanto bloquearás el tiempo de integración, donde el ser eterno que somos debe despojarse poco a poco de sus corazas para esplender el ser original, creador perfecto, a imagen y semejanza del Arquetipo UNO.

Tampoco sirve tratar de acumular más entregas por día, pues no alcanzarás a asimilar en tu almacén celular los fragmentos recordatorios de la memoria del origen que subyacen en tu ADN. Es tu decisión.

Cada día tiene una clave; si la comprendes, practícala; si aún no la sientes, déjala pasar hasta que en la próxima vuelta de la espiral ascendente te sea revelada naturalmente; entonces, hazla tuya definitivamente.

Día CERO

Hoy la ciencia habla de aperturas temporales, líneas de tiempo, desdoblamiento del tiempo, futuros potenciales; los místicos hablan de ascensión planetaria, y los catastrofistas de tiempos finales... infinitas creaciones, tantas como seres creadores somos, pero todos queremos un planeta transformado en paraíso. Es el momento de ponerte a la tarea porque ¡ES LO QUE VAMOS A MANIFESTAR!, entre todos. Comenzamos a saber cómo y a prepararte... empieza la aventura hacia lo profundo de tu identidad.

Hay varias formas de avanzar hacia la recuperación de la herencia de perfección del ser... caminos más largos, más cortos, más lentos, más rápidos, más efectivos, menos efectivos e incluso inoperantes (todos necesarios, según sea el caso), y también el propio hacia tu natural identidad; al final, el único, aquel que indefectiblemente te va a llevar a la victoria.

No se puede haber tenido el privilegio de acceder a experiencias tan maravillosas de recuperación de nuestro potencial original y de poder trascender en conciencia a interacciones con los universos de creación superior sin sentir necesidad de transmitir tal información para que, ojalá, todos puedan vivenciarla. Espero que ese sea tu caso al terminar con éxito esta experiencia en busca del Paraíso olvidado.

Si quieres ir de la mano de alguien, terminarás en su casa y no en la tuya, y puedes convertirte en su esclavo; si quieres que alguien realice la tarea por ti, nunca estarás seguro si la cumplió, es más, si ni siquiera te conoce, ¿cómo podrá saber cuál es tu tarea? Si quieres avanzar, deja tus hábitos ya gastados y machados por los avatares de las aventuras humanas de la ignorancia de ti mismo. Reemplázalos por el hábito limpio y blanco donde se puede inscribir la nueva información que te deja libre de los harapos de los errores creativos acumulados.

Si solo quieres la ruta solitaria, individual y valerosa del conocerte a ti mismo para aprender a amar, entonces vas directo a la victoria. La humanidad está compuesta por individuos, y cuantos más seamos en esta recuperación creadora, más pronto veremos a este planeta convertirse en paraíso.

Aunque aquí está el amor del Universo, nadie te va a sacar de tus problemas, tú los disolverás; nadie te enseñará ni te dictará lo que debes hacer, es tu libertad. Simplemente recuperarás la fórmula que te va a proporcionar todo eso y más. Está en ti, es tu sello divino a encender, siempre que te hagas cargo, lo disfrutes y vivas tu origen. ¿Para qué todo esto? Tal vez sigas pensando que es para vivir mejor, para solucionar conflictos o bien para no sufrir en el amor o sanarte de alguna enfermedad, o tal vez alcanzar la inmortalidad.

¡Tan lejos, tan cerca! Lejos, porque tal como te lo he anunciado, no pretende, ni es el principal objetivo solucionarte problemas de este mundo; tan cerca, porque todo ello será posible, y mucho más. Entonces comienza ahora por prepararte, descubrirte, aprende a amar… ser feliz e irradiar. ¡Qué tarea más buena!

CLAVE NÚMERO CERO
ELEGIR, DEFINIR, MANTENER, PRACTICAR,
ASUMIR, MANIFESTAR Y **LLEGAR A SER**.

Día UNO

Durante el tiempo que sea necesario te voy a ir preparando para que puedas incorporar:

a) Información trascendental.
b) La fórmula original que siempre ha estado disponible pero que es ocultada por el hombre mismo. Constituye la esencia del Método Cyclopea, y que hoy avalan los últimos descubrimientos de la ciencia, así como maravillosas experiencias.
c) Prácticas y entrenamiento que, espero, tú mismo puedas ir aplicando y comprobando sus resultados. Recuerda que mi rol es hacer resonar en ti las claves individuales, y entregar automaestría, pues nadie puede hacer la tarea por nosotros y debemos liberarnos de este tipo de dependencias. Mi objetivo es que la gran creación que estamos por manifestar sea victoria.

Aprovecho para informarte que América tiene un rol trascendental, que está relacionado con estas preparaciones diarias, y conocerás esa historia en la segunda parte de este libro, *América: el tesoro oculto que podemos descubrir*. Te recomiendo determinación y continuidad para seguir, cumplir con las sugerencias de tareas y aplicar lo aprendido en tu vida cotidiana. Llegarás a enterarte de eventos en ti y en tu entorno que jamás habrías soñado… pues todo está en tu esencia.

CLAVE NÚMERO UNO
DETERMINACIÓN, COMIENZA EL CONOCERSE A SÍ MISMO.

Día DOS

Preparación básica antes de entrar en profundidades. Elementos a tomar en cuenta para entrar en la trama original:

1. Somos seres-energía electrónicos, seres-luz densificados al campo atómico, es decir, en bajo voltaje. La más alta vibración que es la que nos pertenece es A-MOR, y se respira y exhala desde La Fuente Generadora (lo veremos a su tiempo); la más baja es el miedo, responsable de todos nuestros errores creativos y la que nos mantiene en este estado limitado.
2. Nuestro poder original es CREAR, y nuestro objetivo es recuperar el potencial primigenio, nuestra herencia.
3. Para ello es necesario conocer los circuitos correctos de encendido y las leyes universales que debemos aplicar.
4. **Tarea para hoy y siempre:** estar alerta durante el día donde está tu atención, porque *donde está tu atención es lo que entra en tu vida.*

CLAVE NÚMERO DOS
REUBICARSE EN SU IDENTIDAD ORIGINAL,
DESCUBRIR EL PODER DE LA ATENCIÓN.

Día TRES

Cada vez que pensamos, tomamos una decisión y actuamos, estamos creando nuestros resultados y los del Universo, pues somos emisores y receptores electromagnéticos y conformamos una red única en todo el Universo, específicamente en nuestro planeta. En forma permanente estamos modificando ese tejido con nuestras creaciones, y depende de la calidad e intensidad del sentimiento, los encajes en la malla en baja, alta o media frecuencias, influyendo y recibiendo sus efectos en nuestra existencia y en los resultados planetarios.

Tarea para hoy y siempre: Descubrir con qué sentimientos hemos tomado las decisiones y acciones de este día.

CLAVE NÚMERO TRES
CONSIDERARSE UN HABITANTE DEL COSMOS,
A CARGO DE LA TIERRA.
CUMPLIR CON LA TAREA DE HOY,
Y MANTENERLA PARA SIEMPRE.

✧
Recomendación

Te recuerdo no saltarte días ni acelerar el proceso. No es una información intelectual, es transmisión experiencial a nuestra memoria celular, a nuestro ADN. En él se encuentra almacenado todo lo que recibirás, no es nuevo para ti, solo que debe ser activado y es de esta manera como se efectúa.

Tienes en tus manos la Fórmula del origen, necesaria para asumir la tarea americana que iluminará el mundo... los otros continentes ya están listos, hay quienes han asumido sus tareas en sus lugares, pero a nosotros nos corresponde la responsabilidad de manifestar el inicio del Nuevo Mundo que debe dar el ejemplo del esplendor. No es una tarea más o menos importante, todas lo son, pero somos responsables de cumplir la nuestra.

✧

Día CUATRO
El Universo es un holograma compuesto de infinitas partes y cada parte contiene en sí el holograma entero.

Somos esas partículas y contenemos en nosotros el Universo entero. Nuestro código ADN contiene esa memoria que guarda tanto las experiencias de esta forma de vida limitada como las experiencias de perfección original.

Aquí buscamos perfección en todo, sabiendo que no existe en este campo, ¡pero nadie busca lo que no conoce! Nuestra identidad es perfecta y debemos recuperarla.

Existe un noventa por ciento de nuestra memoria genética que es indescifrable en este campo, solo puede ser estimulada momentáneamente con impulsos ¡lumínicos! Y desde el diez por ciento restante es de donde la ciencia extrae esos genes para buscar soluciones benéficas para mejorar nuestra condición humana.

Tarea para hoy y siempre: retirar la atención de todo lo que hasta este momento nos molesta, y fijarla en lo positivo que podemos crear aunque nos parezca un sueño.

CLAVE NÚMERO CUATRO
EXPLORAR SITUACIONES DONDE HAS BUSCADO LA PERFECCIÓN, REFLEXIÓN, COMPARACIÓN CON OBJETOS PERDIDOS Y PRACTICAR EL PODER DE LA ATENCIÓN.

Día CINCO

Lo real ES EN LO INVISIBLE y lo demás son solo resultados. Toda creación antes de hacerse visible o palpable se diseña en lo invisible de nosotros mismos. Junto a eso, la matriz lumínica de todo lo existente en la gran creación, incluyéndonos a nosotros, contiene un holograma luminoso primigenio que es el diseño original con base en lo cual se densifica a la forma más tosca y densa en lo que conocemos como los reinos de la naturaleza y el Universo visible mismo, pero su identidad no está acá, sino en su diseño original.

Los pensamientos no se originan en el cerebro, sino que este órgano solo es un procesador de ellos, y los envía para manifestarlos; esto, dicho de manera muy simplificada. De acuerdo con lo aprendido hasta ahora, reafirma la existencia de nosotros como seres-energía exteriorizando nuestras creaciones en una malla infinita que se modifica, contribuimos y nos influye, dependiendo de la calidad de sintonía en que nos vinculamos por nuestros sentimientos, hasta que se convierten en resultados visibles.

CLAVE NÚMERO CINCO
SENTIR... CREAR... ¡FLORES!
(MANIFESTAR LAS ELEGIDAS EN DIBUJOS
O EN PAPELES DE COLORES)
¿COMPRENDISTE QUE TODO SE GENERA EN LO INVISIBLE?
¿Dónde estaban antes esas flores?

Día SEIS

Somos seres-energía, equipos electrónicos, hechos a modelo y semejanza del Arquetipo UNO, Creador perfecto, o Matriz original si prefieres, y contenemos en nosotros la fórmula de encendido del programa original. NADA VIENE DE FUERA... TODO ESTÁ EN NOSOTROS Y SE MANIFIESTA EN RESULTADOS.

El científico mexicano Jacobo Grinberg, desaparecido en 1994 en misteriosas circunstancias, nos apoya al afirmar que nuestro cerebro está vinculado a través de sus redes neuronales con la red neuronal del Universo, o *Lattice*, y que hasta nuestros mínimos pensamientos la modifican haciéndonos con ello responsables no solo del destino del Universo, sino también de nosotros mismos. Igualmente señaló que el Prototipo, una especie de modelo perfecto y poderoso sobre el cual estaba trabajando al momento de su desaparición, se encuentra en el ser mismo y significa una colosal transformación de la raza humana.

Tarea: reflexionar sobre lo que te rodea… verás que todo es un resultado de creación, incluyéndonos a nosotros, herederos de un modelo perfecto en su origen.

CLAVE NÚMERO SEIS
HOY SOLO CREA IMÁGENES FELICES, REFLEXIONA
Y COMPRUEBA… ¡AH, Y PERSISTE!

Día SIETE

Bien, vamos avanzando primero en información básica relacionada con nuestro ser y también con unas *pequeñas grandes* tareas cotidianas. Ahora vamos a dejar momentáneamente esta fase relacionada con nosotros mismos y nuestras posibilidades infinitas para saber qué está pasando con esta famosa fecha 2012 que no está clara en absoluto, a pesar de que nuestra meta va mucho más allá de una fecha en el tiempo y que en realidad marca el comienzo de nuestra nueva creación.

Más adelante seguiremos los pasos de experiencias que no siempre están en conocimiento de todos, pero son vitales para comprender nuestro rol individual y planetario y poner en práctica nuestro potencial creador original, que nos hace a cada uno responsable de esta tarea en beneficio nuestro y del planeta.

Tarea: reflexión de los temas tratados hasta aquí… y DESCANSA.

CLAVE NÚMERO SIETE
CONOCE TUS SENTIMIENTOS PREDOMINANTES FRENTE A: FUTURO, DESPUÉS DEL 2012, ECONOMÍA, SALUD, FAMILIA, PAREJA.
(Anótalos por tema, para revisarlos una vez finalizados los 40 días)
¡AH!, Y CUMPLE CON LA TAREA DE HOY.

Día OCHO

Hemos comprendido que somos seres-energía-creadores, modificamos nuestro futuro potencial a cada instante, dependiendo de la calidad del sentimiento con que decidimos, actuamos y pensamos; así, vamos a manifestar eventos, días especiales, y una fecha: la actual, o más allá (como puede ser cualquier otra en que fijemos nuestra atención), que ya fue creada por esta humanidad en la malla del Universo y especialmente en esta Tierra.

Gracias a la amplia información difundida sobre la relación con el calendario maya, sus profecías y la importancia que se le ha asignado a este tiempo, es que la humanidad ha ido ampliando la red de sintonía e influencia en la malla planetaria, fijando la atención en un objetivo creativo determinado.

Casi sin darse cuenta, dentro de su ignorancia al respecto y según la calidad de sus sentimientos, el individuo imprime en la red las posibles manifestaciones. Estas pueden traducirse en resultados desastrosos, producto del miedo, inseguridad e incertidumbre, o bien, en eventos positivos si se creó con sentimientos elevados producto de frecuencias amor. Si quisiera que sus creaciones sean de naturaleza perfecta, fuera de todo contratiempo hasta llegar a producir el «milagro» cotidiano, el ser tiene ante todo que conocerse a sí mismo; que más allá de una propuesta filosófica, es una ley cuya aplicación permite recuperar la posibilidad de conducirse de manera íntima y segura hacia el cumplimiento de sus objetivos. A través de ese conocimiento interno es posible ubicar y aplicar la clave correspondiente para actuar de acuerdo con la ley que rige esa fórmula de creación.

Como ejemplo podemos referirnos a una fecha tan polémica e inquietante como fue el año 2012. En relación con serios estudios históricos y astronómicos, el 2012 habría correspondido al 2005. El calendario gregoriano está atrasado siete años, debido al error de cálculo del monje Dionisio, encargado de reemplazar el calendario juliano. Según el historiador Flavio Josefo, eventos comprobables, como sucesos gubernamentales de la época y la muerte de Herodes cuatro años antes de la fecha de nacimiento de Jesús, que aparece en efemérides como sucedida tres años después de la matanza de los inocentes, dejan a nuestro calendario actual, que se basa precisamente en el nacimiento de Jesús como fecha de inicio, con sendas diferencias ineludibles. Sin tomar en cuenta, además, la pasada por alto del año cero.

También hay datos astronómicos como el de J. Kepler, quien en su época se refirió al cometa Halley como posible «estrella de Belén», y su paso visible en el planeta cada 70 años. Según el astrónomo, este cuerpo estelar habría visitado la Tierra justamente siete años antes de la fecha dada como la venida de Jesús.

Otros cuerpos estelares importantes visitaron la Tierra también en años diferentes. Entonces 2005 sería la datación equivalente, y ha sido considerado por los entendidos como el año de mayores e intensos cambios planetarios, o el comienzo de ellos en esa magnitud. Se inició con el tsunami de Sumatra el 24 de diciembre de 2004.

Pero más allá de saber si esa fecha pasó o no, ese año 2012 se transformó en **creación nuestra**, pues por nuestra atención y la intensidad de nuestros sentimientos con que la hemos afirmado en la red planetaria termina por manifestarse en relación con la calidad creadora que le impongamos. Y en este caso debemos tener la seguridad de que así fue.

CLAVE NÚMERO OCHO
CONTROL DE LA ATENCIÓN. REVISAR DÓNDE ESTUVO LA ATENCIÓN DURANTE EL DÍA... CORRECCIÓN CONSCIENTE.

Día NUEVE

Si hay dudas, miedos, incertidumbre junto a esperanzas, indiferencia, escepticismo o entusiasmo, lo que determinará su manifestación en eventos, está íntimamente ligado al predominio de los sentimientos que imperan en esta gran creación colectiva. La calidad e intensidad del sentimiento en la acción determina el resultado dentro de la malla y su influencia. Por eso es tan importante reconocer nuestra identidad y nuestras potencias originales, que deben expresarse en perfección e inclinar la balanza hacia una realización positiva que ya no dependa de anuncios ni de cuáles sean los augurios en tal sentido.

¡Podemos modificar resultados... podemos cambiar el futuro... podemos crear el mundo que queremos vivir!, pero depende totalmente de cada uno de nosotros. En estos momentos hay un cambio planetario, lo estamos viviendo y empezó hace tiempo: modificación del clima, calentamiento global, elevación de la frecuencia del planeta y la consiguiente pérdida del campo electromagnético de la Tierra. El sol intensifica su radiación, aumentan las explosiones solares, y todo ello no es bueno ni malo, forma parte de procesos cósmicos cíclicos y naturales.

Lo importante es que el cómo se produzcan estos eventos depende exclusivamente de qué tejemos en la malla vibratoria planetaria para que el encaje se produzca armónicamente; y ello, aunque te parezca increíble, está supeditado a cómo enfrentemos cada día y bajo qué sentimientos tomemos las decisiones cotidianas.

CLAVE NÚMERO NUEVE
1. CONTROL DEL SENTIMIENTO.
2. DIRECCIÓN DE LA ATENCIÓN.
3. REVISAR EVENTOS DEL DÍA. APLICA Y CAMBIA UN RESULTADO.

✧

Recomendación

Estas claves siempre están en relación con las 40 jornadas de las entregas. Sugerencia: aplica las Claves con respecto al día, pero revisa a menudo lo ya leído. Te repito que no es información intelectual, es transmisión experiencial.

✧

Día DIEZ

¿Qué es el sentimiento? (no debe confundirse con las emociones, no es lo mismo). Podemos compararlo a un depósito de gasolina en una estación de servicio. Es un poder carburante, líquido, frío, quieto, aparentemente inofensivo, listo para ser usado en toda su potencia. Su uso correcto permite generar grandes beneficios, como es encender motores de autos, aviones, cierto tipo de calefacción, pero si se le prende un fósforo entonces se produce un evento negativo, destrucción por mal uso.

Algo parecido sucede con nuestro sentimiento. Es la reserva de poder, del potencial creador del ser-energía que somos, y está ubicado a la altura del estómago (plexo). Imagina que es como un lago quieto y luminoso, que se agita cuando se activan las emociones equivalentes al oleaje. Si son emociones negativas, las olas generan un bajo potencial que, al igual que las tempestades, pueden producir mucho daño. Si son positivas, desencadenan un alto potencial que genera eventos felices, pero solo son fluctuaciones del lago. Todo ello producto del vaivén emocional creativo entre las polaridades separadas del campo atómico.

Lo importante es que el lago se potencie en sí mismo, es decir, no genere olas, sino que aumente su caudal sin fluctuaciones para encenderse en mayor potencial electrónico. Para eso, debe ser gobernado por la Fuente Generadora electrónica que ilumina el depósito acuoso, controlando la intensidad del flujo, de acuerdo con el acto creativo del individuo para establecer esa conexión superior.

De ese modo, crece y se alimenta del caudal de luz proveniente del origen o campo electrónico superior (que entra por la coronilla), y con ello llega lo que llamamos perfección, pues en el reino del electrón hay ausencia de polaridades separadas; por lo tanto, no existe el bien para que exista el mal, ni el mal para que se manifieste el bien; no hay error por contraposición al acierto y viceversa, solo existe lo perfecto.

Por consiguiente, para iniciar ese proceso, es necesario encender el equipo electrónico del ser-energía conectándose a la Fuente Generadora, pues solo desde un campo superior, en este caso electrónico (luz), se pueden controlar los campos moleculares de esta forma de vida (atómica).

CLAVE NÚMERO DIEZ
REFLEXIÓN DIARIA: ¿QUÉ SENTIMIENTOS DETERMINARON MIS DECISIONES?

Día ONCE-A

Hay físicos, como el francés Jean Charon, que afirman que el Universo está sustentado por un elemento, una especie de *poder cohesionador* llamado AMOR. Entonces, ¿qué es el Amor? Sabemos que nosotros solo podemos expresar un mínimo de nuestra capacidad original debido a que, como seres-energía electrónicos, estamos en un campo limitado donde al densificarnos hemos bajado este potencial (voltaje) a un mínimo de diez por ciento, más o menos, que es la frecuencia que acepta este estado... y ello incluye a la capacidad de amar, y también la separación de polaridades.

En vibración horizontal de frecuencias (negativa-positiva) limitadas, el extremo opuesto del amor es el odio; sin embargo, en frecuencias de elevación, la más baja es el miedo y la más alta es el AMOR. Es cierto que aquí somos capaces de amar, incluso reconocemos o recordamos el amor universal, pero es una mínima expresión dentro de lo que esta facultad puede generar para crear el Paraíso perdido. Muchas veces estimamos que los celos son parte de amar mucho, confundimos las necesidades de dependencia y apego como una señal de amor. En nombre de este tipo de sentimiento limitado de amor se generan discusiones violentas, separaciones dolorosas, incluso crímenes pasionales.

Al recuperar un mayor potencial cuando conectamos nuestros circuitos originales a una Fuente Generadora primigenia, la reserva de poder que es el sentimiento se incrementa y recibe una corriente electrónica que es el poder creador mayor del Universo llamado A-MOR (sin muerte). Es en esos momentos cuando la creación expresada a través del pensamiento, de las decisiones y de los actos, se transforma en perfección y lo que conocemos como «milagros» entra en nuestra vida. No es otra cosa que la aplicación de leyes universales.

Aprovecho para explicar que la palabra A-MOR, derivada de las lenguas madres griega y latina, más de una vez ha generado controversia por parte de puristas del lenguaje que rechazan ese significado, pues está compuesta por una raíz latina A y por la palabra griega MOR, de ahí la confusión. Sin embargo, hurgando más lejos en la historia del lenguaje podemos llegar a encontrar afinidades que al último determinan una intención (creación) común para designar un evento, en este caso: «sin muerte».

De acuerdo con la condición de perfección (por ausencia de polaridades), la muerte, como destrucción de lo imperfecto para generar a la larga el estado de perfección y con ello terminar las oposiciones, deja de existir. Es el momento en que se define, al igual que en las Sagradas Escrituras, como *beber el agua de la inmortalidad*.

CLAVE NÚMERO ONCE-A
EL AMOR ES PODER COHESIONADOR... SIN EMBARGO, NO TIENE NADA QUE VER CON EL HILO QUE UNE EL AMOR A LA DEPENDENCIA Y EL APEGO, QUE LLEVA DIRECTAMENTE AL MIEDO Y CON ELLO A LA PÉRDIDA DEL AMOR.
REFLEXIÓN.

Día ONCE-B

El hecho de estar en un campo limitado en relación con capacidades mayores existentes en nosotros no quiere decir que no amemos o no logremos creaciones hermosas y benéficas en este mundo, más bien, es nuestra tarea mientras estemos en esta expresión física. Cuanto más actuemos con sentimientos de alta frecuencia, más alto sintonizaremos en la malla correspondiente a esas creaciones positivas, y a la vez que las alimentamos, recibimos también sus influencias en resultados igualmente positivos en nuestra vida diaria. Sin embargo, no alcanzamos el potencial requerido para salir definitivamente de ese estado bipolar por el simple motivo que habitamos en este campo limitado que posee una barrera de frecuencia.

Lo importante ahora, más que crear oleaje positivo en nuestra reserva de poder, que siempre será una buena opción, es elevar el potencial del lago y poner en manifestación un poder cocreador Fuente Generadora-equipo electrónico y así permitir la entrada de esas nuevas frecuencias electrónicas en este mundo. A partir de ello nos transformamos en seres felices, irradiantes y constructores de las nuevas frecuencias ascensionales para intensificar la luminosidad de la malla creadora que rodea el planeta, hasta encajar armónicamente con los procesos cósmicos naturales que están sucediendo en este período de cambios ascensionales.

El poder del sentimiento determina la calidad del resultado del pensamiento, decisión y acción para la manifestación.

CLAVE NÚMERO ONCE-B
CADA DÍA CREA TRES EVENTOS AMOROSOS O BENÉFICOS PARA TU ENTORNO, O PARA TODOS, A TRAVÉS DE TI… Y EXPLORA SUS RESULTADOS.

Día DOCE

¡NADIE BUSCA LO QUE NO CONOCE! Retomamos este enunciado de un día anterior para profundizar en el tema.

Cuando se nos extravía el celular o las llaves de la casa, revolvemos, escarbamos y preguntamos hasta encontrar lo perdido porque antes lo teníamos, lo conocíamos; entonces, ¿por qué buscamos la perfección en una existencia transitoria, donde no existe sino por momentos y solo como un recordatorio a través de esa búsqueda? Perseguimos la pareja perfecta, la salud perfecta, el trabajo perfecto, los padres o hijos perfectos, la inmortalidad, entre otros. Y cuando algo de esto nos falta, nos desesperamos, nos deprimimos, nos desilusionamos, sufrimos. ¡Claro, porque esa carencia no nos pertenece, por eso duele! Es el poder inherente al ser el que debe recuperarse y corresponde a la frecuencia electrónica (luz), mejor conocida como *El Mayor Poder Creador del Universo llamado AMOR*.

Según las experiencias científicas, solo se pueden modificar los campos moleculares de esta condición material desde un estadio superior, y ese es el campo electrónico. Es así como se puede cambiar cualquier resultado en la materia.

¿Qué es la felicidad? Muchos confunden este nivel con el estar contento, satisfecho y riendo por los eventos alegres que nos rodean: enamoramiento, conseguir un buen trabajo, sacarse la lotería, una buena jornada familiar, triunfo del equipo de futbol preferido, un grato día de campo o de playa, un proyecto aprobado, y tantos otros momentos que de una u otra manera todos hemos vivido.

La felicidad es un estado permanente de plenitud que no es amenazado por nada. ¿Imposible dirás? Pues no. Ese aspecto lo puedes haber visto en grandes yoguis de Oriente, o en algunos santos, quienes mantienen inalterable esa condición gracias a que alcanzaron ese resultado en forma permanente. ¿Cómo lo lograron? Estableciendo la Conexión original. Pero te asalta la duda… ¿No será una actitud egoísta lograr esa plenitud en medio de tanto dolor, carencia e injusticia que asolan a nuestros semejantes?

Seres superiores que guían a la humanidad para que consiga por sí misma la creación perfecta que nos llevará a manifestar una tierra amorosa han señalado: *Si ustedes pudieran escuchar la cantidad de lamentos que se elevan del planeta, quedarían impresionados. ¿Qué es lo correcto? ¿Sumarse a ese dolor y ser uno más sufriendo?, ¿o prepararse para transformarse en un ser feliz, irradiante y poder ayudar a otros a elevarse a ese mismo estado?*

CLAVE NÚMERO DOCE
CREAR SITUACIONES PERFECTAS Y MANTENER
LA ATENCIÓN BAJO CONTROL.

⟡
Recomendación

Te recuerdo que estas claves están directamente vinculadas con los textos diarios. Si no son asociados en la práctica, no pasan de ser solo buenos consejos y no pueden ser comprendidos en su dimensión experiencial.

⟡

Día TRECE

El Universo se mueve en espiral, al igual que los impulsos del corazón cuando amamos. Nuestro ADN es una espiral y contiene dos tipos de memoria:

- La **memoria humanidad** almacena todas las experiencias culturales, sociales, raciales, factores hereditarios y tendencias pertenecientes a esta forma de vida, y corresponde al diez por ciento de los códigos descifrables de nuestra genética. En esa memoria está contenida la información creadora donde se mueve el ser, incorporado a un mundo de opuestos donde debe aceptar sus leyes y con ello la limitación y características de frustración y logros, aceptando la ocurrencia de lo imposible y lo posible, dentro de lo transitorio, como única forma de llevar adelante sus metas.

- El noventa por ciento que no puede ser descifrable en este campo, y que ha sido denominado en su tiempo ADN chatarra por no poseer dos proteínas útiles para la vida, se llama **memoria genética energética** o **memoria del origen**. Contiene todas las experiencias del ser original desde su emanación primera (antes de entrar en la experiencia de esta forma de Universo) donde existe la perfección (por eso se busca) y solo puede ser activada desde el mismo campo en que mora, que es a nivel electrónico. Saca tus conclusiones respecto de lo aprendido hasta ahora y revisa cuánto has avanzado en conocerte a ti mismo.

CLAVE NÚMERO TRECE
LA INSPIRACIÓN REPENTINA, ANTES DEL RAZONAMIENTO, PROVIENE DE LA MEMORIA DEL ORIGEN; POR ESO, CUANDO SE PONE EN PRÁCTICA, SIEMPRE ES LA CORRECTA. NO CONFUNDIR CON LA IMPULSIVIDAD EMANADA DEL OLEAJE DE LAS EMOCIONES.

Tarea: Buscar ejemplos de ello en la vida.

Día CATORCE

Vamos a entrar nuevamente en el tema de la ciencia alternativa, más allá de la ortodoxia, donde cada día aumenta el número de astrofísicos, físicos en general, biólogos, astrónomos y otros profesionales que comparten el Universo cuántico con unas coincidencias espectaculares relacionadas con la mal comprendida espiritualidad. Sí, porque espíritu tiene que ver con *primer aliento*, con lo cual estaríamos todos incluidos y, si profundizamos, también nos encontramos con la profética frase del pensador francés del siglo XX, André Malraux: *El siglo XXI será espiritual o no será…*

¿Pero qué es Espíritu? Primer aliento. Es nuestra condición intrínseca y no tiene que ver necesariamente con un aspecto místico, o la pertenencia a una religión, secta o movimiento espiritual específico, sino que abarca la eterna búsqueda de la perfección y donde la conciencia es nuestro recordatorio de esa perfección perdida. El *Diccionario de la Lengua de la Real Academia Española* también describe *espíritu* como ser inmaterial dotado de razón.

Es así que la ciencia actual, sin querer, está avalando mediante sus descubrimientos recientes lo entregado por el Método Cyclopea, cuando muchos de sus términos, explicaciones y experiencias resultaban aún desconocidos.

Es el tiempo de la unión ciencia-espíritu, condición necesaria para comprender nuestra existencia, con objeto de poder recuperar y activar el modelo original fuera de las limitaciones autoimpuestas. La experiencia de separación no es otra cosa que el resultado de una creación que nos catapultó a esta forma de vida, y cuyas leyes la contienen.

CLAVE NÚMERO CATORCE
SI ERES UN SER ESPIRITUAL… ¿POR QUÉ?

SI NO ERES ESPIRITUAL… ¿POR QUÉ?

¿DÓNDE ESTÁ LA DIFERENCIA? REFLEXIÓN.

ESTA CLAVE DARÁ LIBERTAD Y CONCILIACIÓN.

Día QUINCE

Revisaremos algunos datos trascendentales aportados por el físico cuántico francés Jean Pierre Garnier Malet, y otras relaciones, incluyendo el calendario maya, para identificarnos mejor con nuestro rol en este período esencial para la creación del futuro potencial. Así podrás ver y comprender con mayor claridad la relación con esta fórmula Cyclopea que existe, disponible, desde antes de estas informaciones de la ciencia actual y que es recomendable que integres a tu vida una vez que tengas activada en tu memoria genética la información necesaria de sintonía y el programa original de acceso electrónico primordial. Iremos por partes.

Antes que nada vamos a hablar de las N posibilidades que tenemos permanentemente ante nuestras decisiones. Una vez tomada una de ellas, hemos definido para siempre lo que llamamos futuro y todas las otras N posibilidades dejan de existir, sin saber jamás cuáles habrían sido sus resultados en nuestra experiencia. Dicho de otra manera, a cada instante firmamos nuestro destino... ¿pero de qué depende que este sea positivo o negativo? De la característica de nuestras decisiones, determinada por el poder del sentimiento que detona en intensidad y calidad, la frecuencia de encaje del pensamiento, decisión y acción en la malla, y de este modo manifiesta sus resultados en lo que llamamos futuro.

Un ejemplo más simbólico: es como si entráramos en la madriguera de un conejo y sus infinitas galerías subterráneas; una vez que elegimos ir por una de ellas, ya no sabremos qué encontraríamos en cualquiera de las otras. Pero, ¿qué nos llevó a elegir una u otra de ellas? El SENTIMIENTO. Podrías decir que a veces es la razón la que nos hace elegir, pues, ¿qué nos lleva a razonar sino el sentimiento de elegir esa forma de tomar decisión, optando, por ejemplo, por la lógica?

No es el sentimiento sobre la mente ni la mente sobre el sentimiento, sino que es un evento simultáneo donde lo que detona el proceso creativo es nuestra reserva de poder, ese poder del sentimiento que determina la clase y frecuencia del resultado. Te recomiendo seguir con la tarea de preguntarte: ¿con qué sentimientos actuaste hoy?

CLAVE NÚMERO QUINCE

¿QUÉ ELEGISTE HACER (Y LO HICISTE) EN ESTOS ÚLTIMOS DÍAS? ¿Y BAJO QUÉ SENTIMIENTOS? SI HACES ESTA REFLEXIÓN CADA TRES DÍAS, TERMINARÁS POR CONDUCIR BENÉFICAMENTE TUS PRÓXIMAS JORNADAS.

CUANDO SE TOMA CONCIENCIA, Y SE APRENDE A MANEJAR MÁS CUIDADOSAMENTE LAS CREACIONES, LOS RESULTADOS SON ASOMBROSOS.

CUANDO PRACTIQUES LA CONEXIÓN, ENTONCES SUS EFECTOS SERÁN DE MANERA PERFECTA Y CREARÁS DE ESA MISMA FORMA LOS FUTUROS POTENCIALES.

Día DIECISÉIS

Existen multiversos y nosotros habitamos uno de ellos. Hoy nace una nueva teoría que llaman Universo 3, que englobaría a todos los otros universos... cada vez están más cerca de dar en el clavo. Si nos imaginamos un gran caleidoscopio UNO, formado por infinitos caleidoscopios, modelos únicos e irrepetibles, de naturaleza perfecta, estaríamos acercándonos a conocer nuestra identidad. Cada uno de los seres-energía conformamos ese caleidoscopio (del cual nunca nos hemos separado), y lo que nos aparta de esa perfección es un proceso creativo que tiene que ver con la conciencia creadora: donde está nuestra conciencia, está nuestra manifestación y creación. En el presente, ese estado de conciencia se encuentra en esta experiencia atómica, en la frecuencia de esta forma de vida; por lo tanto, es necesario elevarla, y es uno de los objetivos que nos proponemos realizar.

Debido a que nunca nos hemos separado realmente de esa condición primera, podemos acceder a la recuperación del patrón original, pues si estuviéramos «separados» nos encontraríamos a la deriva, en un Universo en caos, de desorden (no de «aún no ordenado o manifestado» que es otra definición de «caos»), y ya vemos que hay un orden en el Universo. Como dirían los místicos, somos pedacitos de Dios, o más bien, *Somos hijos de Dios*. El Universo creador y la manifestación de la creación… ¡todo es UNO!

Una malla, tejida por las creaciones individuales, genera la manifestación completa, fuera del tiempo-espacio conocido en este campo que habitamos. La estructura o condicionamiento del hábitat creador está en íntima relación con la calidad de la creación. Si el estado de conciencia, por atención y sentimiento está en frecuencia AMOR… SOMOS UNO. Mientras existe el concepto de separación, ese es el Universo de manifestación que permanece, hasta que el mismo creador cambia su estado de conciencia al estado primero (anterior).

CLAVE NÚMERO DIECISÉIS
¿CUÁL ES TU CONCEPTO DEL UNO? SI CREES QUE ES ESTAR TODOS JUNTOS UNIDOS Y EN COMUNIDAD… ENTONCES TODAVÍA DEBES PRACTICAR.

SI YO SOY UNO SOY DOS… SI YO SOY DOS SOY CUATRO… SI YO SOY CUATRO SOY OCHO Y SI SOY OCHO SOY SIEMPRE UNO. —Papiro egipcio, 10,188 A.C.
(Museo de Londres)
REFLEXIÓN.

Día DIECISIETE

En nuestro origen y calidad de seres-energía somos atemporales, los condicionamientos de tiempo-espacio que conocemos pertenecen a esta fórmula de existencia limitada. Vamos a tratar dos temas relacionados con esta propiedad nuestra:

a) La aceleración del tiempo.
b) La no existencia del pasado, presente y futuro como los hemos concebido en esta forma de vida.

Todo lo referido hasta ahora, más de una persona podrían considerarlo *a priori* difícil de entender, pero esta información, tal como te he dicho, no es intelectual, sino que apunta a la memoria genética del origen (esa del noventa por ciento) para estimularla al reconocer su filiación.

Por lo tanto deja que fluya y recíbela en el corazón. Si te hace sentido y te produce una suerte de felicidad, entonces es que está operando correctamente; si algo no te parece, no va a ser asimilado hasta que la comprensión celular lo permita, o bien no está en tu memoria original… entonces, solo déjalo pasar. Pero lo que nunca hagas es intelectualizarla, pues entonces estarás operando con un bajo potencial de acceso, que es lo que se requiere para comprender nuestra existencia atómica, limitada a un mínimo de nuestra capacidad original y que funciona en relación con opuestos, donde cada uno tiene solo fragmentos o una parte de la verdad global.

Son lo que se llama extremos (opuestos en grados) y es donde se genera la discusión y la separación, que hasta ahora ha sido la forma de poder entender nuestro mundo. No por eso es negativo, solo que es restringido, y lo que pretendemos es salir de nuestras limitaciones autocreadas.

CLAVE NÚMERO DIECISIETE
PONER LA ATENCIÓN SOLO EN EL MOMENTO PRESENTE
Y DIRIGIR LA ATENCIÓN A LO QUE SE QUIERE MANIFESTAR.
CONOCERSE A SÍ MISMO COMO UN SER ATEMPORAL.
REFLEXIÓN.

Día DIECIOCHO

Cuando la información de estos documentos y claves se haya comprendido a nivel celular y en experiencia, no habrá necesidad de esfuerzo ni de tiempos especiales.

En esta condición de existencia, limitada por las leyes del campo atómico, encerrada en un más y un menos de frecuencia, el tiempo-espacio es comprendido y experienciado en pasado, presente y futuro. En nuestra condición de seres-energía atemporales, recuperados a una frecuencia mayor, no solo podríamos salir de esas limitaciones, sino que también podríamos controlar el tiempo y lograr la instantaneidad espacial si aplicamos la ley, misma que explicaremos más adelante (pero ya puedes sacar tus conclusiones).

Vivimos en un eterno presente que es el de nuestra creación diaria. Pero nuestra atención está acostumbrada a fijarse en el pasado o en el futuro, no en el momento preciso en que realmente creamos, por lo tanto diluye o dispersa la intensidad y potencia de la manifestación. Nos beneficia frente a las creaciones erradas, pero nos bloquea ante la posibilidad de acceso a la fórmula de creación perfecta si no la controlamos y aprendemos a dirigirla correctamente para nuestra conexión original.

El pasado no existe como tal, nada queda atrás, solo son enlaces de frecuencia tejidos en la malla, elaborados de manera permanente por nuestras interacciones con nuestros semejantes y de ellos con nosotros… Todo queda grabado en la malla del Universo y en nuestros *chips* de memoria, en sintonías de baja, media o alta frecuencias y todas sus variables.

Cada vez que recuerdas algún episodio de lo que llamas pasado, lo estás extrayendo de tus propias memorias o *chips* como si fuera un DVD que pones ante ti. Has abierto una memoria que podría haber estado colapsada (en cortocircuito) si el episodio fue negativo para ti, y brillantemente iluminada si los eventos creados fueron felices. En el primer caso, si tu atención y sentimiento vuelven a posarse en lo negativo, acumularás una memoria más en colapso, añadida a la anterior, con lo cual te significará mayor trabajo para salir de las limitaciones. ¡Ah!, pero si llegas a verlo como una anécdota más que te enseñó y sirvió para crecer, entonces has logrado recuperar ese chip en su condición correcta.

En el segundo caso, todo estará bien y tu chip de memoria se mantendrá brillante de luz, mientras tus sentimientos de evocación de esos momentos de dicha te refresquen el alma. Si aparece el sentimiento de nostalgia o de insatisfacción por no revivir esos momentos de igual manera, crearás otro chip de memoria llamado *recuerdo* en baja frecuencia, por lo tanto, en cortocircuito. ¿Ves cómo es importante el eterno presente de tu condición creadora? Entonces, a poner la atención y el sentimiento donde corresponden, para llegar así a lograr la victoria cuando debas encender tu equipo a la conexión original.

Por consiguiente, nada nos separa, ni nada se termina. Estamos vinculados tanto con nuestros seres queridos así como con nuestros enemigos. Con estos últimos en bajas frecuencias hasta que elevemos ese enlace hacia un potencial de luz. Es la forma como nos liberamos de la densidad del campo atómico. Lo mismo pasa con los seres amados que abandonan esta forma de vida, quedamos vinculados con ellos, y ellos con nosotros, siempre.

Este campo de aprendizaje que habitamos solo es de manifestación y resultados transitorios. Lo que llamamos futuro es la concretización de lo que realizamos siempre en presente, y también depende tanto de lo que hayamos tejido como con qué tipo de frecuencias hemos sintonizado en la red, ya sea en el momento o en experiencias de otras vidas. Según sea el caso, será lo que recibiremos como nueva experiencia. El futuro se crea y se vive siempre en *presente*, solo que no sabemos controlarlo porque no recordamos cómo hacerlo. La respuesta está en la memoria del origen, vibrando en frecuencia electrónica y creando desde esa condición.

Podrás aducir que no podemos saber qué ocurrirá en el futuro con aquello que no depende de nosotros, como los procesos de la naturaleza y del mismo planeta. Los efectos atmosféricos, telúricos y de cualquier índole, aparentemente ajenos a nuestra intervención, siempre son resultado de diferencias de encaje vibratorio entre los eventos naturales o cósmicos (Sistema Solar) y los efectos vibratorios alcanzados en el común denominador acumulado de la malla que rodea al planeta, creado por nosotros. Si podemos ajustar en equilibrio y control armónico esos encajes, jamás tendríamos efectos desastrosos en lo que llamamos futuro, pues las modificaciones, ya sea habituales o cíclicas de la gran creación, son siempre perfectas en su inicio.

Hoy la ciencia está logrando estos eventos a través de elementos externos, pero sabemos que todo está en nosotros y no repetiremos la experiencia Atlante, Muriana o Hiperbórea. Cuando estas civilizaciones perdieron gran parte de su herencia original, recurrieron a elementos externos que les permitieran completar la información y aplicarla en el momento que ya habían olvidado sus propios atributos originales. Tarde o temprano, ese sería el motivo que les llevó a su ocaso y posterior autodestrucción.

CLAVE NÚMERO DIECIOCHO

RETIRAR LA ATENCIÓN DE LOS RECUERDOS NEGATIVOS DE LO QUE LLAMAMOS PASADO, A NO SER QUE SIGAS LAS INSTRUCCIONES QUE ANTECEDEN, ASÍ COMO TAMBIÉN DE LAS EXPECTATIVAS (ANTES DE LA CREACIÓN) DE LO QUE LLAMAMOS FUTURO.

ENSAYA UNA VEZ AL DÍA, EXTENDIENDO CADA VEZ MÁS EL TIEMPO DE DURACIÓN, HASTA QUE CONSIGAS VIVIR EL PRESENTE EN PERMANENCIA.

Día DIECINUEVE

Mucho se ha hablado de que el tiempo se ha acelerado, pasa más rápido que nunca y parece que no alcanzamos a hacer ni la cuarta parte de lo que antes ocupaba un día normal de actividad. Algunos lo atribuyen al crecimiento de las ciudades, mayores distancias entre la casa y el trabajo, o las distintas exigencias del medio. Pero sucede que también se ha sentido este cambio en el campo, donde todo transcurre de acuerdo con el tránsito del sol, en forma más armónica.

Lo mismo ocurre con los niños que ya no esperan con ansias sus cumpleaños, ni las navidades e incluso sus vacaciones; estas fiestas llegan casi de improviso, y hasta se están acostumbrando. ¿Pero qué pasa que el reloj sigue marcando las horas con el mismo ritmo de todos los días, y la noche y el día llegan como de costumbre, así como las estaciones? ¡Quién dice que el tiempo se ha acelerado!

Primero veremos lo que señaló Einstein: *A menor gravedad, mayor aceleración del tiempo*. La Tierra está perdiendo su campo electromagnético y con ello hay menor gravedad. Podemos decir que nuestro tiempo «normal» de 24 horas cronológicas podría transcurrir ahora en solo 12 o 14 horas. Para lograr entenderlo imaginemos dos esferas, una dentro de la otra. La interna, que es la que ocupa nuestro campo de manifestación, se mueve dentro de su acostumbrado ritmo cronológico: horas, noche, día, estaciones, recorrido espacio-temporal, pero la esfera externa gira cada vez más rápido sin que la interior se dé cuenta. Por eso nos es difícil entender el proceso, pues somos los que habitamos dentro, encerrados en un proceso temporal adecuado a las leyes de ese campo.

Podríamos imaginar que la esfera exterior es la que determina la clase de frecuencia que nos corresponde y es elevada cada vez más, por aceleración vibratoria, dentro del ritmo cósmico cíclico. De ahí que las explosiones solares (el corazón de nuestro sistema y uno de los chips directores de nuestro Universo atómico) vayan intensificando sus eyecciones de masa coronal; y, a la vez, esas explosiones solares se hacen responsables de que nuestro planeta se vaya encendiendo en su proceso ascensional.

Entonces, ¿es posible el control del tiempo? De acuerdo con lo que vamos aprendiendo, ya sabemos que esa posibilidad existe, al menos y hasta este momento desde experimentos complejos.* Pero es factible porque nos pertenece, porque está en nosotros. Eso sí, en nuestro caso, antes hay que cumplir con la ley que lo permite: encendido correcto al potencial electrónico, control de la atención y mantener la intención de manifestación fluyendo. Todo es UNO.

CLAVE NÚMERO DIECINUEVE
CONTROLA EL TIEMPO POR LA CALIDAD DEL SENTIMIENTO DESDE EL POTENCIAL DE LUZ (ELECTRÓN).

CONTROLA EL TIEMPO POR EL PODER DE LA ATENCIÓN.

CONTROLA EL TIEMPO DESDE LA AUSENCIA DE DEMORA.

CONTROLA EL TIEMPO DESDE EL ETERNO PRESENTE.

Día VEINTE

Podemos comprender que a medida que se eleva la frecuencia, primero hasta alcanzar la velocidad de la luz y luego más allá de la luz, sea posible controlar el tiempo desde el ser-

---

*En el libro *Estamos todos muertos* se relata una experiencia comprobada de viaje en el tiempo.

energía atemporal, encendido al potencial adecuado, electrónico, y entrar armónicamente a las nuevas frecuencias de nuestro Universo.

Te insisto en que toda esta información es solo de preparación para activar la fórmula original cuando esta etapa quede completa. Es imperativo dejar fluir, sin comprometer el análisis intelectual... si la sientes en el corazón y te da felicidad, acéptala; si no, entonces solo déjala pasar.

Algunos datos de la ciencia

Entre este día veinte y el día veintidós entregaré información adicional para una mejor visión de esta información de transferencia y la activación de nuestras memorias.

Este es nuestro panorama actual y nos dice que es tiempo de entrar en la atemporalidad, y desde ahí construir nuestro futuro potencial. La ciencia lo afirma, una vez más, a través del físico Garnier Malet, quien dice que hoy el ser humano no solo puede acceder a esas vivencias, sino que es el momento de hacerlo. Más tarde experienciaremos cómo coincide con la fórmula que el Método Cyclopea tiene para ganar la victoria.

Garnier Malet, junto con otros científicos, habla de las aperturas temporales, del desdoblamiento del tiempo y de por qué la oportunidad es ahora, cuando se cumple el período de 26,000 años de nuestro tiempo; 25,920 años, considerando 24,840 años que demora el giro de la Tierra en el Sistema Solar, al cual sigue el período de transición de 1,080 años, que sería justamente el que estamos viviendo, y que se cerraría definitivamente a finales del siglo XXIX. El período actual de creación es crucial porque equivale al punto 0, a partir del cual definimos la línea del tiempo en la que transitaremos, y también tiene un lapso cuya finalización puede ser instantánea o como a la mitad de este siglo.

Es en este período cuando se descubren los futuros potenciales y se generan las líneas del tiempo de las cuales hablaremos más adelante. Entre un ciclo y otro se encuentra el punto 0, donde lo que se pueda crear en ese lapso generaría la diferencia de un futuro potencial.

Estamos en los momentos en que se descubre lo que la separación de los tiempos ocultaba. Es lo que se llama *Apo Calypsos* (Apocalipsis, también se conoce como Revelación). Según Garnier Malet, este período se divide en tres tiempos observados metódicamente desde 1868, con las grandes explosiones solares de 1899, 1929 y 1959. En 1989 nos encontramos entonces ya en los tres últimos períodos, cuya duración no se puede calcular. En agosto de 2003 una explosión solar de envergadura abrió el penúltimo de estos períodos. Dos réplicas en noviembre de ese mismo año demuestran la aceleración de ese proceso.

Desde 1989 vivimos en las aperturas temporales del pasado, por lo que no somos dueños de este tiempo ralentizado, y con ello no podemos predecir la fecha final. Precisando más, ya hemos perdido 16 años en relación con la fecha teórica, y este final del tiempo puede ocurrir en este instante como en 2063. Coincide con los estudios realizados en 1950 por el científico alemán W.O. Schumann, referidos a la resonancia de la Tierra, y más atrás en el tiempo con Nikola Tesla.

Es entonces cuando aparece nuestra responsabilidad para recuperar el modelo original (atemporal) que permita entrar, por nuestra propia experiencia, en ese «no tiempo» para construir el futuro potencial. La fórmula está y la aplicaremos, pero antes hay que saber más…

CLAVE NÚMERO VEINTE
«PERDER EL TIEMPO» NO SIEMPRE TIENE QUE VER CON LA INACCIÓN FÍSICA, SINO CON LA ACCIÓN DEPENDIENTE DE LOS EVENTOS TEMPORALES (DEPENDENCIA DE LA ACCIÓN EN RELACIÓN CON EL TIEMPO DISPONIBLE), COMO SI ESOS PROCESOS ESTUVIERAN FUERA DEL SER.

MÁS ALLÁ DE LA VELOCIDAD DE LA LUZ, EL TIEMPO
COLAPSA. ¿CUÁL SERÍA LA PRIMERA ACCIÓN
CORRECTA PARA EL CONTROL DEL TIEMPO?

Día VEINTIUNO

Garnier Malet habla de un ciclo de desdoblamiento solar que ofrece, cada 2,700 años, una apertura hacia las criaturas inmortales que han mantenido su *doble* (ser-energía conectado a su potencial electrónico, según el Método Cyclopea) en su futuro, aludiendo a este proceso actual. Todo esto entre el fin y el inicio del ciclo de 26,000 años. El método matemático tolteca a través de su manejo sobre el año trópico permite entender que el ciclo procesional es de 25,729 años (26,000 años). El calendario maya, que anuncia el final de un ciclo de 5,125 años, conocido como la cuenta larga o baktún 13, también apunta a una rara alineación astronómica que pasa una vez cada 26,000 años solares. Por otra parte, la ciencia astronómica se refiere al movimiento procesional como un ciclo de 26,000 años (una rotación completa del eje de la Tierra alrededor del de la eclíptica toma aproximadamente 26,000 años) y como resultado, el ecuador celeste también se desplaza. Por otra parte, los egipcios, conocedores de la «respiración» del tiempo de 2,160 años, la definen como la serpiente de los tiempos. Enormes coincidencias entre ciencia, tradición y mitos que definen este período como crucial. Garnier Malet define así esta oportunidad: *Cuando el pasado, presente y futuro por fin se comunican después de 26,000 años de separación, un sistema solar como el nuestro se vuelve a colocar en su sitio. Esta recolocación depende de los resultados que determinen nuestros futuros potenciales y de su actualización al final de los tiempos.* Todo es un período, no una fecha precisa, aunque dentro del potencial creativo de la humanidad pueda resultar, por su influencia, una fijación concentrada sobre un punto establecido como fue el 2012. ¿Cuál es entonces nuestra situación presente? ¿Cómo asegurar la entrada a la línea positiva del tiempo? Sucede lo mismo si nuestra atención creativa se centrara en el 2013 o 2014, o cualquier otra fecha que se transforme en una potencial creación colectiva. Vamos avanzando y ya asumiremos el rol que nos corresponde, en perfección. La fórmula está y es en ti… paciencia (la *no espera* en la certeza de que ocurrirá). Mientras tanto, no olvides estar alerta con tu atención y vigila con qué sentimientos creas cada día, a cada instante.

CLAVE NÚMERO VEINTIUNO
OBJETIVO Y PERSEVERANCIA.

ALERTA: ¿DÓNDE ESTÁ EL SENTIMIENTO CUANDO SE HABLA DE UNA FECHA ESPECÍFICA FRENTE A UNA POSIBLE MANIFESTACIÓN?

NO SE PUEDE CREAR UNA MANIFESTACIÓN ESPECÍFICA DESDE LA DISPERSIÓN, O DESDE LA DESORIENTACIÓN CREADORA.

¿DONDE ESTÁ TU ATENCIÓN CUANDO PROYECTAS EN PRESENTE?

Día VEINTIDÓS

La idea general de todas estas informaciones, tanto ancestrales como científicas, es proponer la necesidad de entrar en estas aperturas temporales y lograr crear un futuro potencial positivo que permita la manifestación de un universo armónico, más perfecto, más amor. Si esto no se logra, entonces tendremos un futuro potencialmente desastroso. Aquí es donde asoman las líneas de tiempo como determinantes en este período.

El Instituto Farsight, en Estados Unidos, ha estudiado estas líneas de tiempo a través de lo que se conoce como visión remota, y justamente utiliza estas aperturas temporales para desplazarse en la atemporalidad y contactar con los futuros potenciales. Lo hacen mediante instrumentos como el cronovisor, creado por Enrico Fermi en laboratorios del Vaticano, o como lo hace la ITT, por medio de la Silla de Sirio.

Estos son temas que no tocaremos aquí, tanto por lo extenso como porque estimo que de acuerdo con nuestros objetivos no es necesario poner atención en ellos. Lo importante es saber que existen, y que todas esas propiedades prevalecen en el ser-energía, en nuestro equipo electrónico; están disponibles y no es necesario apoyarse en elementos externos.

Bueno, es así como estos estudios han descubierto dos líneas de tiempo bastante determinadas, una catastrófica y otra positiva. Se ha entrado en ambas, y en la primera se ve al planeta sumido en desastres, mientras en la otra todo sigue maravillosamente bien. Es decir, si lo llevamos a qué estamos creando como humanidad frente a un punto de atención; ¿miedo?, ¿inseguridad?, ¿masificar informaciones catastróficas? O bien, ¿creaciones de alto voltaje benéficas que incidan en y controlen los futuros potenciales?

Ya existen dos creaciones en la malla, disponibles para manifestarse, dependiendo del encaje de frecuencias creativas en que los seres entren y potencien. Todo ello, insisto, por medio de la intensidad y calidad de los sentimientos con que realicen sus acciones creadoras.

Según la doctrina de la Paradoja de la Convergencia de las Líneas de Tiempo, si se distorsiona el Tiempo al ir hacia otra época y se cambian los hechos históricos, se crea *otra Nueva línea de Tiempo* por la cual el Mundo continúa hacia otros lugares y acontecimientos como si nada hubiera pasado, o sea, se crean Mundos Paralelos de Tiempo simultáneos que, llegado el MOMENTUM, todas estas Líneas de Tiempo convergerán o se juntarán en una sola Línea; es decir, algo grande ocurrirá en ese instante, y la Paradoja existe, ya que todas esas Líneas de Tiempo creadas COEXISTEN sin destruirse las unas a las otras.

Sin embargo, no son compatibles entre ellas, esto quiere decir que si entramos en la línea del tiempo positiva, nunca sabremos ni experienciaremos la otra línea, y viceversa. Es aquí donde debes recordar y mantener como información que todo es creación. Nuevamente, te insisto en dejar fluir estas informaciones que son de preparación de memorias para acceder a la recuperación del potencial original.

Separación de la paja del trigo.

CLAVE NÚMERO VEINTIDÓS
RECORDAR TRES ÚLTIMOS EVENTOS EN QUE TOMASTE
UNA DECISIÓN Y SUS RESULTADOS.

ESTUDIAR OTRAS DECISIONES POSIBLES FRENTE A ESOS
MISMOS EVENTOS E IMAGINAR SUS CONSECUENCIAS.

ANTE UNA NUEVA DECISIÓN, DETENERTE,
ELEVAR FRECUENCIAS, CREAR Y ACTUAR.

Día VEINTITRÉS

¿Cómo creamos la línea positiva? Si tomamos en cuenta tanta información global: ciencia, espíritu, ancestral y cósmica, estamos en un período donde nuestra responsabilidad creadora debe ponerse en práctica de manera definitiva. Es aquí donde se manifiesta nuestra fórmula, que permite justamente no solo entrar en la línea positiva, sino además poder controlar los eventos de la naturaleza que, como vimos, son otro resultado más, en intensidad, según las frecuencias de encaje predominantes de la malla creadora tejida por nosotros.

Según los sabios aymaras, existe un Disco Solar que fue utilizado y guardado sagradamente por nuestros primeros ancestros, pero señalan que no se trata de algo físico, sino de una verdadera piedra filosofal que permitiría al ser que haya descubierto su poder en sí mismo trasladarse instantáneamente a cualquier parte del Universo, entrar en una estrella o en un átomo y experimentar sin límites.

¿Pero cómo se genera una creación planetaria de la humanidad por medio de una fecha? Bueno, vamos a ver cómo funciona esto de la focalización creadora. Tiene que ver con la acumulación de sintonías de frecuencia en la malla creativa, con un posible resultado o un resultado ya manifestado, donde muchas personas fijan su atención incorporando una cierta intensidad y calidad en mayor o menor grado del sentimiento con que lo aceptan. Ello determinará un incremento de ese potencial, acumulando tal caudal de energía que termina por manifestarse, densificándose en un resultado en el plano físico.

La característica de los resultados dependerá siempre de la calidad e intensidad de frecuencias con que se sintoniza. Sugerencia: relee las entregas diarias para afirmar estas informaciones en tu almacén de memoria (ADN), y estés preparado cuando entremos en la fase de entrenamiento.

CLAVE NÚMERO VEINTITRÉS
CREAR UN EVENTO PLANETARIO MARAVILLOSO.

ATENCIÓN, SENTIMIENTO, DETERMINACIÓN,
PERMANENCIA.

ALIMENTACIÓN DIARIA DE ESA CREACIÓN.

FOCALIZACIÓN: FECHA, AÑO O
SITUACIÓN… ELIGE OPCIÓN.

Día VEINTICUATRO

Vamos a poner un ejemplo: las imágenes sagradas. Por lo general estas representan grandes ideales espirituales o seres que han encarnado ese ideal, la mayoría de las veces incrementado por el número de quienes tienen *fe* en ellos o los admiran. Cuando las convergencias por atención y sentimiento son de alta frecuencia, se produce entonces lo que la gente llama «milagros», como es justamente el caso de las imágenes sagradas. Se provoca una interacción entre el origen o registro de los eventos creativos de quién o qué es representado en la imagen cuya frecuencia de manifestación ya está inscrita en la malla y el ser que se vincula a ella con su propio aporte creador, donde el sentimiento y la atención juegan el rol fundamental para el tipo de desenlace que se tendrá.

Intención, calidad del sentimiento y cantidad de seres focalizando el objetivo determinan el evento.

Los íconos, los símbolos patrios, como las banderas, representan un valor intrínseco que en la medida que se fija la atención y se le incrementa su valía, ya sea benéficamente o por oposición, se crea una manifestación acorde a las frecuencias emitidas y comienza a desplegarse su influencia en los aconteceres de esta existencia. Por eso hay banderas creadas por grupos iniciáticos o logias masónicas, como el caso de la bandera chilena, donde es evidente el conocimiento de la geometría sagrada.

Así sucede en todo, y una vez más tenemos la prueba de que nosotros somos responsables de lo que aparezca en la vida. Lo importante es que cuando un solo ser se encuentra en frecuencia electrónica puede, por sí mismo, controlar las manifestaciones sin la concurrencia de un número determinado, pues la calidad supera al número. Esto se ha visto en la historia de la humanidad en casos excepcionales como los de algunos grandes yoguis del Oriente, o algunos de los llamados *santos* de Occidente, quienes alcanzaron la frecuencia AMOR (Conexión por Sintonía con la Fuente Generadora) y así encendieron su equipo electrónico (luz). Los primeros logran esta victoria por medio de técnicas de meditación, mientras los santos lo hacen a través del arrobamiento y la devoción sublimada, pero ambos por haber alcanzado la frecuencia Luz-Amor.

CLAVE NÚMERO VEINTICUATRO
¿CREES EN DIOS?
SI CONTESTASTE *SÍ*, PUEDE QUE AÚN NO TENGAS CERTEZA... PORQUE DIOS NO ES CREENCIA, ES EXPERIENCIA.

¿CREES EN LA MAGIA?
SI CONTESTASTE *NO*, AÚN NO LA PUEDES NEGAR, Y SI CONTESTASTE *SÍ*, TAMPOCO PUEDES AFIRMARLA... PORQUE LA MAGIA NO ES UNA CREENCIA, SINO LA APLICACIÓN DE LEYES QUE IGNORAS, Y QUIENES APLICAN TALES LEYES, GENERALMENTE, TAMBIÉN LAS IGNORAN.

¿CREES EN LA CIENCIA?
SI CONTESTASTE *SÍ*, EFECTIVAMENTE, CREES EN ELLA PORQUE EXISTE BAJO LAS LEYES QUE CONOCES, PERO LIMITADAS A ESTE CAMPO... AÚN.

¿EN QUÉ TIENES CERTEZAS Y POR QUÉ?... ¡AQUÍ ESTÁ LA PISTA!

Día VEINTICINCO-A

Las acumulaciones de creaciones cotidianas, realizadas por grupos de seres en sintonización creativa específica, sin estar especialmente conscientes de ello, se conocen como *formas-pensamiento*. Las grabaciones en la malla planetaria se han denominado, según la tradición, como *registros etéricos*, y se refieren a la permanencia de esas emisiones en lo invisible, en *el éter*, representado por nuestra atmósfera. Tiene que ver con lo explicado en los días veintitrés y veinticuatro. La conjunción de sentimientos-pensamientos similares, condensados en la transferencia de la red planetaria, intensifica ciertos patrones de influencia.

Estas condensaciones pueden llegar a controlar nuevas acciones creadoras de los seres humanos cuando estos sintonizan en dichas frecuencias. Incluso pueden llegar a constituir verdaderas entidades con *vida propia*, un potencial peligroso si se refiere a formas-pensamiento negativas, como puede ser el caso de creaciones de guerras, o una bendición si se tratara de intenciones luminosas. Si nos detenemos en este punto que se refiere a formas-pensamiento, es conveniente agregar la información desde el Método Cyclopea sobre esa propiedad creadora que nos pertenece y cómo puede intensificar un proceso ya en marcha, afectando a un individuo o al planeta mismo, benéfica o dramáticamente.*

Según la calidad y concentración de estas formas-pensamiento se determinará la particularidad de los acontecimientos

---

*Más referencias en el libro *El cielo está abierto*.

tanto individuales como planetarios hasta que estas condensaciones lleguen a adquirir un potencial independiente que influya y domine por sí mismo sobre sus propios creadores por sintonía de frecuencia. Está por lo tanto relacionado con la elección de vías de manifestación conocida como líneas de tiempo.

Tanto las formas-pensamiento como las grabaciones en la malla están siempre vibrando en el eterno presente. Una condición más para saber que nada existe detrás de nosotros llamado pasado, que todo está en el hoy y en manifestación de acuerdo con cómo sintonizamos en la red para su precipitación en el plano físico, en lo que llamamos futuro.

CLAVE NÚMERO VEINTICINCO-A
EL ÚNICO TIEMPO DE CREACIÓN ES EN EL INSTANTE PRESENTE. PARA MANIFESTAR PERFECCIÓN, LIBERARSE DEL PASADO Y CERTIFICAR EL FUTURO: CONEXIÓN, CREACIÓN, CONTROL DE ATENCIÓN, SENTIMIENTO DE ACEPTACIÓN, ACCESO LIBERADO AL CONOCIMIENTO DE SÍ MISMO.

Día VEINTICINCO-B

Retomaremos lo referente a símbolos y emblemas colectivos en relación con la vibración de la luz a través del color. Si dibujas la rosa cromática (una circunferencia dividida en partes iguales donde se pintan los colores primarios, secundarios y terciarios) y en el centro le haces un hueco por donde colocas un lápiz y la haces girar en torno a él, cuanto más veloz sea el movimiento irán desapareciendo los colores hasta llegar al blanco o suma de los colores de la luz. Es una buena manera de comprender el hecho de que cuanto más alta sea la frecuencia vibratoria, más se acerca al *blanco* como símbolo de la vibración original de la luz.

Por el contrario, si esos colores se van mezclando entre ellos en un recipiente donde las frecuencias no se aceleran por ser un evento de la materia, por muy luminoso que sea cada color en su tono, termina por crearse una mezcla oscura, que tiende al negro. El negro es ausencia de color, ausencia de luz. El líquido encerrado en un tarro de pintura, aunque sea el color que anuncia la lata, no aparece hasta que la luz lo penetra, es decir, cuando se abre la lata, antes de esto no hay color, solo hay oscuridad.

El color rojo es la vibración del campo emocional. Por ejemplo, cuando una persona se enoja la sabiduría popular dice: *Está rojo de rabia*, o cuando alguien se avergüenza, se ruboriza. Son casos donde la vibración del campo emocional se ha activado. El color rojo solo se presenta en este campo, no existe en la descomposición de la luz (arcoíris). En la manifestación de la luz hacia este campo solo existen rosa naranjo y fucsia como símiles de esa tonalidad. Cuando en una representación aparecen los colores rojo y negro, indica *activación del campo emocional en baja frecuencia*.

En la ciencia militar se usa este estímulo mediante banderolas o símbolos rojinegros como apoyo a la tropa preparada para la guerra, de manera que puedan combatir con una emotividad estimulada, y en una baja vibración que los torne violentos para enfrentar al enemigo. El nazismo lo tenía, así como algunas órdenes militares y grupos paramilitares.

Podrías preguntarme: ¿pero, y los sacerdotes católicos que antes usaban sotanas negras, al igual que algunas congregaciones de monjas?

El *sacro oficio*, o hecho sagrado (sacrificio), de estos apostolados tienen como misión limpiar el «pecado» del mundo; ejemplo de ello es el rito de la Confesión, donde escuchan todos los errores creativos, cuyas frecuencias lentas y oscuras son «perdonadas» por medio de los sacerdotes. Al vestir de negro, ellos sintonizan con esas frecuencias, y valiéndose de sus oraciones ayudan a limpiar la escoria humana. Cuando caminan por las calles van «recogiendo» por sintonía a través del color todo lo que está en esa misma vibración, que en este caso son dolores, culpas y sufrimientos, errores creativos en bajísima frecuencia, y una vez en sus iglesias, mediante sus ritos, los depuran.

¡Gran y difícil tarea! Es el mismo caso del *luto*. Quienes lo portan a causa de la pérdida de un ser querido, demuestran su pena sintonizando con las vibraciones dolientes, y aprovechan para apoyar el tránsito del que partió mediante la oración, unida a esa baja sintonía para limpiar y elevar. Un rito de purificación inconsciente, similar al de los sacerdotes.

En los ritos funerarios hindúes, los deudos portan el blanco como color de la luz para iluminar la senda, precisamente porque saben que la muerte no existe y que el cuerpo del ser que partió debe ser purificado por el fuego para facilitar su salida, y con ello la posibilidad de volver sin problemas.

Algo parecido sucede con otras disciplinas espirituales cuyos objetivos trascendentes se enfocan al sagrado oficio de ayudar a sus semejantes, como son las órdenes budistas. Ellos portan el color naranja, transformándose en intermediarios entre la luz y la polución humana. A nivel de colores, la mezcla del rojo con el amarillo (tono de la luz del sol) obtiene el naranja. Si contemplas el sol en un paraje libre de bruma, no podrás mirarlo, pues su tonalidad oro es cegadora, pero si lo observas a través de esa niebla o de la polución de una ciudad contaminada podrás mirarlo sin problemas, y verás una hermosa puesta de sol con el astro encendido en rojo. Como ves, el intermediario entre la polución y la luz solar es el color naranja.

Las banderas como símbolos patrios que detentan el color negro en su diseño, generalmente tienen más problemas internos, a veces están más comprometidos en guerras o situaciones de violencia, más aún si también tienen asociado el rojo junto con el negro. El rojo en sí solo es un activador emocional, no es negativo ni positivo.

CLAVE NÚMERO VEINTICINCO-B
EN UN TIEMPO, EN LAS TRADICIONES INICIÁTICAS, EL
BLANCO SE IDENTIFICABA CON EL ROJO Y EL NEGRO,
COMO EL BLOQUEADOR O EQUILIBRADOR ENTRE AMBOS,
SEGÚN ERA EL CASO.

EL AZUL MARINO, U OSCURO, ES LA POTENCIA DE LA
LUZ MÁS INTENSA, CAMUFLADA EN LA OSCURIDAD.

Día VEINTISÉIS

Nuevamente vamos a revisar los signos que este panorama mundial nos entrega como indicativo de preparación: las auroras boreales. A principio de los años 30, un grupo de Maestros superiores instruyeron a sus estudiantes: *Cuando se vean auroras boreales en lugares donde nunca antes se habían observado es el momento de prepararse y comenzar las tareas que darán lugar a las grandes creaciones de un nuevo mundo*. Sabemos que el incremento en intensidad de las tormentas solares y el aumento de su periodicidad justamente produce auroras boreales en zonas inhabituales a ese fenómeno.

Estos eventos han comenzado a generarse desde hace un tiempo. En el año 2003 esas apariciones inusuales adquirieron notoriedad y fueron informadas por los medios de comunicación como hechos insólitos. Normalmente las auroras boreales se producen en los polos, especialmente en el polo norte (boreal, de donde toman su nombre).

Esas raras manifestaciones atmosféricas fuera de las zonas polares pueden ser vistas como señales de grandes oportunidades o bien como temidos signos de los tiempos… todo depende de nuestra calidad vibratoria, producto de nuestra creación diaria. Según la sintonía de frecuencias de la malla creativa, en relación con el incremento de la frecuencia electrónica emanada de la intensificación de la radiación solar, serán los resultados. Y una vez más encontramos aquí las líneas del tiempo.

Conviene preguntarse cómo se manifestaría este futuro potencial a través de nuestras creaciones en la vida diaria, si seguimos dando poder a las advertencias e informaciones de los catastrofistas que curiosamente están bastante atentos a todos los eventos que pueden generar inquietud para de inmediato transmitirlos.

De alguna manera, nuestro sistema actual que, consciente de ello o no, se mueve en esas mismas bajas frecuencias, está incorporado a la línea catastrófica al crear, dentro de parámetros habituales, la búsqueda de soluciones a los procesos planetarios que vemos permanentemente en los noticieros con la atención puesta en el aspecto negativo. Ejemplo de ello lo tenemos en la forma que adoptan los gobiernos o la sociedad misma al tratar como posibles desastres por enfrentar temas relativos a la economía mundial, el calentamiento global, epidemias, violencia, entre otros.

¡Es imprescindible cambiar el *switch* y redireccionar la atención hacia la creación pura que queremos manifestar! ¿Qué deseamos para nosotros y nuestro planeta bajo la frecuencia AMOR? Pues bien, eso es en lo que debemos fijar la atención y alimentarlo con el sentimiento de determinación y felicidad mientras disfrutamos esa creación, sumergiéndonos en ella y cada día concretándola en nuestra mente. ¿Que no es fácil? Obviamente que no. Pero, ¿es acaso mejor quedar a merced de todo lo destructivo que hemos manifestado e intensificarlo para todos? Además, una vez que contamos con la Fórmula activada, entonces no solo es simple, es maravilloso.

Estamos terminando la etapa de preparación inicial (informaciones y sugerencias de entrenamiento) y ya empezaremos a entrar en la fase donde la práctica y la fórmula entrarán en nuestra experiencia.

CLAVE NÚMERO VEINTISÉIS
LOS EVENTOS SON RESULTADOS Y PUEDEN SER CAMBIADOS.

HAY HECHOS QUE SOLO SUCEDEN OBEDECIENDO A LEYES UNIVERSALES. DEPENDERÁ SU CALIFICACIÓN Y TRASCENDENCIA DE CÓMO EL OBSERVADOR ESTÉ PREPARADO Y LO DETERMINE MEDIANTE LA CALIDAD DE SU ATENCIÓN Y SENTIMIENTO.

Día VEINTISIETE

Antes de activar el programa original electrónico, hay que tomar en cuenta estas sugerencias:

Tarea uno de preparación: a partir de ahora y para siempre:

- Controla tu atención: elige qué es lo que quieres que entre en tu vida, redirigiendo la atención, así como el sentimiento con que piensas, actúas, decides y creas cada día.
- Evita definitivamente seguir difundiendo o tomando en cuenta las informaciones que el sistema memoria-humanidad está entregando, pues con ello sintonizamos de inmediato con la línea catastrófica, y no es broma. Recuerda que todo lo catastrófico que se mencione genera miedo, incertidumbre y con ello sentimos frustración y enojo, que son otros sentimientos de baja frecuencia... y lo peor de todo es que, desde nuestro limitado estado, no podemos hacer nada. Ejemplo: si nos dicen que vienen explosiones solares que podrán generar efectos negativos, si nos dicen que hay una epidemia o que la economía está cada vez más en crisis... *¿qué podemos* hacer nosotros para que no suceda?

Sin la recuperación de nuestro modelo original, ¡nada!, solo transformarnos en víctimas de aquello que está en manifestación creativa, denunciando o acatando, da lo mismo.

Sin embargo, cuando el ser-energía está debidamente preparado, no hay ningún problema para estar al tanto de todo lo que pueda estar ocurriendo en el planeta, pues a la vez que quien está en servicio debe estar al día de los acontecimientos, su propia elevada frecuencia le impide sintonizar con las bajas frecuencias que algunas noticias puedan entregar.

Aprende a divulgar todo lo extraordinario y positivo que está sucediendo, que sea lo único que rescatemos de las informaciones que nos lleguen o que encontremos en la red.

CLAVE NÚMERO VEINTISIETE
EL PODER DE LA ENSOÑACIÓN ES CAPAZ DE CAMBIAR EL MUNDO CUANDO DEJA DE ESTAR EN ESTE ESTADO TRANSITORIO PARA APARECER EN EL UNIVERSO DE LA LUZ, QUE ES SU CAMPO DE ACCIÓN.

DETERMINACIÓN Y PERMANENCIA.

ATENCIÓN DIRIGIDA, CONTROL DEL SENTIMIENTO Y CONEXIÓN DE CIRCUITOS ORIGINALES… Y A ENSOÑAR EL MUNDO QUE QUEREMOS MANIFESTAR.

Día VEINTIOCHO

Tarea dos: para crear un futuro potencial es necesario, ante todo, estar acostumbrado a manejar la atención y el sentimiento correctamente. La forma exitosa de creación es semejante a la ensoñación. Esta capacidad de ensoñar pertenece a la memoria original, a la fórmula precisa de crear en perfección, justo cuando creábamos en esa perfección antes de manifestarnos en la densidad de este campo limitado.

Si nos fijamos bien, nadie ensueña imperfección, ni ensueña dificultades o esfuerzos para llegar a expresar una creación… sin embargo, en este campo limitado no tiene grandes efectos porque le hemos dado la característica de ilusión, o pasar del tiempo sin sentido.

Según el diccionario, *ensoñador* es sinónimo de *iluso*. Es entonces un hábito inocente, cándido, que no funciona en nuestra manera de manifestar en este mundo, y aparentemente es verdad. Precisamente, para crear la perfección es necesario haber estado antes en ese estado, o haber alcanzado la sintonización de frecuencias adecuadas para que esa fórmula pueda traducirse en resultados. Por eso, ahora simplemente te vas a ejercitar en ensoñar… ¡Qué feliz forma de entrenamiento!, ¿verdad?

Para ensoñar correctamente debemos tener un objetivo claro y maravilloso, que nos llene de alegría y donde no quepa la posibilidad de que los sentimientos de duda o de cualquier otra naturaleza nos distraigan. Por ejemplo, si pensamos en ensoñar un mundo feliz, no podemos partir del hecho que estamos en un mundo no feliz y que hay que volverlo así, pues entonces estamos poniendo la atención en la carencia para crear lo benéfico.

De esa manera, lo que estamos haciendo es potenciar más el evento negativo que se ha manifestado, por lo tanto tiene ya un poder al que le agregamos más fuerza aún, mientras lo que no se manifiesta se debilita. La tarea es partir del deseo intensificado de lo que queremos manifestar y sostenerlo por el sentimiento de disfrutarlo mientras lo ensoñamos.

CLAVE NÚMERO VEINTIOCHO
DESVIAR LA ATENCIÓN DE CUALQUIER EVENTO QUE DISTRAIGA DEL OBJETIVO.

CENTRAR (NO CONCENTRAR) EL DESEO Y LA
MANIFESTACIÓN SOLO DESDE LA IDEA PERFECTA
Y MARAVILLOSA Y MANTENERLO SIN QUE LOS
SENTIMIENTOS PERMITAN LA DUDA.

Día VEINTINUEVE

Tarea tres: Relee toda la información entregada, déjala fluir, no la analices intelectualmente, solo siéntela en tu corazón. Si te provoca una sensación plena e identificación, está sintonizando con tu memoria celular, tu memoria (ADN) original. Si no es así, déjala pasar, tal vez no es para este momento en particular. Cada ser es un modelo único y, por lo tanto, no todo coincide de inmediato, o no está aún abierto en la experiencia individual.

Profundicemos en el tema de la ensoñación: recupera esta forma de creación original. Comienza a crear correctamente, aprende a ensoñar bien y en forma productiva. Siempre se ensueña lo maravilloso, aquello que nos beneficia, aquello que buscamos: *La Perfección*. Vamos a insistir en esto: fija la atención en lo que deseas que se produzca, sin partir de lo negativo.

No intentes una creación expresando: *Que la crisis económica se solucione* o *Que las epidemias se terminen en la Tierra*. Si lo haces así, estarás poniendo justamente la atención primero en el evento negativo y por consiguiente le das más poder reafirmando esa condición, mientras el beneficio que recién estás manifestando se debilita precisamente porque como aún no está creado, no alcanza a fijarse con fuerza en la trama (red), en cambio lo otro ya está manifestado incluso en el plano físico.

¿Te has dado cuenta por qué una oración que tiene un tremendo poder llamado milagro no siempre resulta?, bueno, justamente por eso, porque se ha orado a partir de una situación dramática, donde el sentimiento y la atención han fijado su punto de partida. *Sálvanos de este desastre… Sanadme de esta enfermedad*, etc. Una creación potente debe hacerse completa, sin interferencias ni desorientación energética. Sin embargo, si aplicamos la fórmula que vamos a aprender, podremos cambiar los resultados y derivarlos hacia beneficios, pero manteniendo siempre la atención solo en lo positivo… por eso hay que comenzar por cambiar ese *switch* y operar en consecuencia durante este entrenamiento previo.

¡A ensoñar!

- Deja unos momentos tu actividad diaria y elige un espacio agradable, ya sea en tu casa o bien en algún parque cercano. Puedes mantener tus ojos abiertos si así lo deseas. Como si fueras un gran pintor, crea un paisaje maravilloso, llénalo de eventos y detalles que hagan de ese lugar el paraíso de tus sueños.
- Incorpórate a ese panorama, pasea en él, siente su atmósfera y disfruta los eventos que has creado. Permanece tanto tiempo como sea posible, antes que tu atención se distraiga o desvíe de ese objetivo.
- Alimenta tu ensoñación antes de dormir, y que esta involucre siempre al planeta y a la humanidad. Este ejercicio será la base de creación para cuando ya conozcas la conexión.

CLAVE NÚMERO VEINTINUEVE
FLUIR EN CREACIÓN… TODO ES CREACIÓN CONSTANTE…

SIEMPRE CENTRADO EN LA ENSOÑACIÓN DE LA MANIFESTACIÓN PERFECTA.

DESINTONIZAR DE LA CREACIÓN ERRADA.

COMPROBAR RESULTADOS Y CORREGIR, SI FUERA
NECESARIO, REPASANDO LAS CLAVES.

Día TREINTA

Como ejemplo general, ya que todos conocemos el poder de la oración, vamos a revisar qué es la oración como acto creativo. En la esencia de todos los movimientos espirituales importantes que ha habido a través de la existencia de la humanidad están las claves del origen, pero están veladas porque el hombre las ha reinterpretado o las ha utilizado para ejercer control, o por acuerdos entre Estado e Iglesia, como lo fue para los cristianos en tiempos antiguos en el Concilio de Nicea.

La oración, al igual que la meditación, son fórmulas de conexión con el origen del ser, con la perfección original, con el UNO que somos desde el principio, antes de nuestra manifestación en este campo. Eran los únicos y efectivos medios de sintonización que teníamos en la malla de frecuencia electrónica (luz), hasta que la elevación de las frecuencias de la Tierra incidieran en las nuestras y se simplificara esta conexión superior cuando por nuestro libre albedrío decidiéramos recuperarla. De ese mismo modo, o valiéndote de una técnica más dinámica, propia de estos tiempos de transformación acelerada, puedes lograr tu victoria. Todo comienza y termina en ti… en el Universo total.

En la meditación se requería paciencia, disciplina y perseverancia en el tiempo para alcanzar los objetivos, hoy se necesita la determinación, control de atención y del poder del sentimiento como condición determinante en el encendido para la conexión.

Como en la época antigua, incluso a través de la oración o de la meditación, era difícil alcanzar un potencial de luz suficiente para ese encaje con el campo superior; en el caso de la oración, la convergencia de muchos seres centrados en oración lograban esos benéficos resultados por *masa crítica*, y entonces aparecían los milagros. En la época de la peste en Europa, donde murieron millones de seres, la población entera del pueblo alemán Oberamengau, a pedido de su alcalde, se unió en oración y la peste nunca tocó sus fronteras.

Sabemos que las cadenas de oración son efectivas y funcionan de acuerdo con las grandes leyes, sin intervenir en el libre albedrío del ser. Al elevarse la frecuencia de quienes padecen alguna dolencia, la conciencia interna del ser que se ha manifestado en ese vehículo determina si es el momento de terminar su plazo terrestre, o bien esta posible recuperación le permitirá avanzar más en su aprendizaje creativo, que es cuando el efecto de ese rezo colectivo aparece surtiendo el efecto deseado.

Hoy estas fórmulas siguen siendo efectivas, pero en el primer ejemplo más por la cantidad de seres orando que por el rezo individual, precisamente porque el rezo, por lo general, es dicho desde la carencia, o bien como una letanía repetitiva que carece de la intensidad del sentimiento de conexión y donde la atención vaga para cualquier lado mientras se efectúa la oración. Algo parecido sucede con la meditación. En ella, el meditador debe cumplir con estas mismas condiciones para alcanzar sus objetivos.

Te he explicado acerca de este rito para que comprendas mejor la importancia de la calidad del sentimiento y el poder de la atención para obtener resultados óptimos. Es una condición imprescindible para manifestar la perfección.

Aquello que no hemos considerado en nuestro diario vivir es qué ocurre con nuestros temas de conversación y los efectos que tendrán en lo que llamamos futuro. Si queremos cambiar nuestro mundo benéficamente, es indispensable que asumamos nuestra responsabilidad creadora. De ahí la importancia de comprender muy bien esta preparación.

CLAVE NÚMERO TREINTA

EN LA CREACIÓN, LA *MASA CRÍTICA* SE FORMA POR LA CONCURRENCIA DE UN NÚMERO ESPECÍFICO DE SERES, LUEGO DE LO CUAL SE PRODUCE LA MANIFESTACIÓN MASIVA MÁS ALLÁ DE ESE LÍMITE.

FUERZA VIVA SE PRODUCE POR LA CALIDAD SOBRE EL NÚMERO, CUANDO UN INDIVIDUO SUPERA LA FRECUENCIA VIBRATORIA DE ESTE CAMPO AL ENTRAR EN UN CAMPO DE INFLUENCIA SUPERIOR.

DETERMINAR LA CALIDAD DEL RESULTADO, POR LA CALIDAD DE LA ATENCIÓN Y EL SENTIMIENTO.

Día TREINTA Y UNO

¿Te estás preparando? Este entrenamiento comenzó y ya no se detendrá. Ahora vamos a facilitar la tarea creadora cada vez más hasta que se vuelva cotidiana, simple y feliz. ¿Ya repasaste toda la información que he entregado durante estos treinta y un días? Para activar la esencia original del ser, hay que comenzar por conocerse a sí mismo y no es solo una frase de un principio filosófico, sino parte de la experiencia que lleva a la certeza. La fe es la certeza de lo invisible (que es desde donde realmente se genera la manifestación).

Entonces, recordemos desde el Método Cyclopea: ¿Quiénes somos? Somos seres-energía electrónicos (luz) densificados al campo atómico de lenta frecuencia, por lo tanto estamos solo en un muy bajo potencial (voltaje) de nuestro verdadero poder creador. Por consiguiente, para ejercer nuestro rol original debemos encendernos a ese potencial-luz electrónico. A partir de ahora esta será la forma definitiva en que te verás.

Para encender este equipo es necesario ante todo haber entrenado la atención bajo control y dirección. ¿Qué vinimos a hacer a esta forma de existencia transitoria? Vinimos a aprender a crear con AMOR, que es la frecuencia original creativa y que en este campo solo se manifiesta en un mínimo potencial.

La frecuencia *A-mor* (sin muerte), es un fluido electrónico original, conocido como el mayor poder creador del Universo, y es el que mantiene al Universo cohesionado y en permanente creación expansiva.

Es la forma de salir de las limitaciones autocreadas que hemos tejido en la malla de bajas frecuencias (no quiere decir negativas, sino que pertenecen a las frecuencias limitadas que acepta este campo vibratorio atómico).

Estamos en un tiempo trascendental donde es imperativo recuperar nuestra esencia, nuestra herencia creadora y aplicarla en la creación del futuro potencial. ¿Hacia dónde vamos? En un Universo que se expande, estamos destinados a recuperar nuestro poder creador superior para manifestar universos mayores. Si aprendemos a crear nuestros pequeños universos cotidianos, podremos entonces instaurar universos mayores. ¡SOMOS CREADORES DE UNIVERSOS!

CLAVE NÚMERO TREINTA Y UNO
LA POTENCIA CREADORA DEL SER ES PROPORCIONAL AL ESTADO EN QUE SE MANIFIESTE SU CONCIENCIA.

LA POTENCIA CREADORA DEL SER SE INCREMENTA CUANDO EL SENTIMIENTO CON QUE SE TOMA UNA DECISIÓN O SE DETERMINA UNA ACCIÓN ESTÁ MÁS CERCA DE LA FRECUENCIA AMOR, SIEMPRE QUE LA ATENCIÓN EN ESE OBJETIVO LA ACOMPAÑE SIN DESVIACIÓN.

LA POTENCIA CREADORA DEL SER ALCANZA AL *MILAGRO* (CORRECTA APLICACIÓN DE LA LEY DEL UNIVERSO)

CUANDO ES RECUPERADO EN EL EQUIPO QUE COMANDA, DESDE SU ENCENDIDO ELECTRÓNICO... *PODER COCREADOR* (FUENTE/SER-ENERGÍA).

UNA VEZ ACTIVADO, PRUEBA ESTA CLAVE EN LA VIDA DIARIA.

Día TREINTA Y DOS

Tarea cuatro: Elevación de frecuencias... ¿Cómo se logra? Para ello hay que aplicar nuestra capacidad de crear. Comencemos por saber que la humanidad se mueve en frecuencias que, en este caso, vamos a definirlas de acuerdo con Unidades Luz, que es la fórmula de medición de la técnica de la Radiestesia, una de muchas fórmulas de medición de la energía. El rango de la vibración-humanidad es entre 8,000 y 12,000 UL. Bajo 8,000 UL, el ser está en riesgo de resultados biológicos de enfermedad (el miedo que, entre otras cosas, es la causa de los errores creativos, es el sentimiento que precipita este estado).

Si la frecuencia solo llega a 4,000 UL, entonces el ser-energía debe salir de este campo físico para evitar cortocircuito en su estructura luz. Es lo que llamamos muerte o liberación transitoria. El máximo, 12,000 UL, indica una vibración óptima que alcanza el ser cuando ha trascendido sus entramados de baja frecuencia.

Generalmente los seres constructivos, que esperamos sean la mayoría, vibran entre los 9,000 y 12,000 UL, fluctuando según la calidad de sus creaciones. Por lo tanto, para estar en alta vibración, una vez más es necesario comprender la necesidad de mantener en alto tanto los sentimientos como el control de la atención.

Una vez que un ser alcanza la permanencia vibratoria en 12,000 UL, el paso siguiente es alcanzar 13,000 UL, que es el principio de la vibración del ser electrónico propiamente tal, fuera de las limitaciones espacio-temporales; es el inicio del milagro constante y la creación del Universo perfecto al que todos queremos llegar.

Aprende que cuando estás en armonía de sentimientos, estarás con seguridad vibrando entre 10,000 y 12,000 UL. Si constantemente haces esta comparación de acuerdo con los sentimientos con que actúas, habrás avanzado en este proceso creador de entrenamiento antes de activar el modelo original.

Cuando encendemos nuestro equipo electrónico a un potencial mayor que el de 12,000 UL, entramos en 13,000 UL. Es el comienzo de otra etapa creadora superior de nuestra existencia.

CLAVE NÚMERO TREINTA Y DOS
LA CALIDAD DE LA VIBRACIÓN ATÓMICA DEL SER ESTÁ EN DIRECTA RELACIÓN CON SU POTENCIAL LUMÍNICO.

BENEVOLENCIA, COMPASIÓN, PERDÓN DE SITUACIONES COMPARTIDAS, ALEGRÍA, ENTUSIASMO Y SENTIMIENTOS SIMILARES VIBRAN ENTRE 9,000 Y 11,000 UL.

PARA ALCANZAR 12,000 UL, ES NECESARIO POTENCIAR EL SENTIMIENTO HACIA EL ORIGEN Y MANIFESTARLO EN SÍ MISMO Y EL ENTORNO, SIN LIMITACIÓN.

ENTRAR A LA VIBRACIÓN DEL *MILAGRO* SOLO ES POSIBLE CUANDO EL SENTIMIENTO DESDE EL CORAZÓN LOGRA LA CONEXIÓN SUPERIOR PARA RECIBIR DE VUELTA EL ENCENDIDO A 13,000 UL, SINTONIZANDO EN LA VIBRACIÓN ELECTRÓNICA (LUZ).

GENERAR 13,000 UL POR ESTIMULACIÓN EXTERNA, CON FINES PERSONALES, NO ESTÁ COMANDADO POR EL GOBIERNO CENTRAL DE LA CONEXIÓN SUPERIOR, QUE ES LA ÚNICA FORMA DE ACCESO, POR ELLO PRODUCE UNA EXACERBACIÓN DEL POTENCIAL EN

BAJA FRECUENCIA Y SE PRODUCEN MANIFESTACIONES POTENTES, PERO NEGATIVAS. DEBIDO A QUE EXISTE EN LA MEMORIA-HUMANIDAD ESE TIPO DE EXPERIENCIAS, SE CONFUNDE CON LA CREENCIA DEL 13 COMO NÚMERO DE «MALA SUERTE», CUANDO ADEMÁS SE PONE ATENCIÓN EN ESTE CON MIEDO.

Día *TREINTA Y TRES*

El encendido de la red de conexión no es una meditación,* es necesario que este punto te quede muy claro. Es la forma de crear en nuestro universo cotidiano de manera perfecta, o al menos el inicio de la creación *milagrosa* que no es otra cosa que la aplicación correcta del programa original. Cuando estamos en ese encendido de nuestro equipo electrónico, entonces estamos sobre 12,000 UL, es decir, desde 13,000 hasta 17,000 UL, donde accedimos definitivamente a experiencias del campo electrónico, fuera del campo atómico.

Ya no hay elección entre el bien y el mal, entre el acierto y el error, entre el éxito y el fracaso, y todas sus variables de polos separados donde para que concurra un evento tiene que haber el opuesto: para que exista la salud debe existir la enfermedad, y para que exista la enfermedad debe existir la salud, y así todo.

---

*En una meditación el individuo debe aislarse durante el período que dure el evento, para luego volver a incorporarse a la vida diaria como si atravesara un umbral entre lo sublime y lo profano, dejando atrás ese estado de contacto superior que lo mantendrá en paz por un tiempo hasta que nuevamente vuelva a apartarse del mundo para entrar en ese estado de meditación. La Fórmula original del ser implica una preparación en medio del mundo, precisamente para crear dentro de él mismo el estado superior continuo que le permita actuar con esas herramientas en beneficio de sí y del entorno, incluyendo la influencia positiva en la malla planetaria, directamente.

Se ha entrado en el campo de perfección.

Mientras estemos en ese encendido de conexión, permanecemos en sintonía con el campo electrónico, donde no existe la separación de los polos. La perfección es la ausencia de división. No existe el bien para que exista el mal ni el mal para que exista el bien, solo la manifestación absoluta que está contenida en el electrón (luz). Es la expectativa de realización que tiene el yoga hasta convertirse en maestro de sus circunstancias.

Equivale al estado nirvánico o «paradisíaco» de las disciplinas yóguicas, cuando el ser es capaz de controlar el tiempo, el espacio, el vehículo físico. Se reconoce como el dominio sobre la materia, el control de los campos moleculares que modifica cualquier resultado. Es el estado en que la meditación abre paso a la acción creadora perfecta.

Un investigador norteamericano junto con un grupo de profesionales decidieron, a finales del siglo XIX, ir a la India a comprobar si realmente existían seres extraordinarios. Lo que encontraron superó todas sus expectativas. Convivieron con Maestros que podían generar agua en una copa, encender luz en habitaciones sin electricidad, estar en varios lugares a la vez, controlar la edad y apuntar hacia la inmortalidad, entre otras cosas. Se trataba de Baird Spalding, quien inmortalizó su hallazgo en el libro *La Vida de los Maestros*.

Esta aventura realizada en 1890 tuvo sus frutos, y sus experiencias han sido tomadas muy en serio por grandes personalidades europeas, como el catedrático del Insitute Politechnique de París, Francia, Louis Colombelle (Jacques Weiss), quien realizó en 1920 la primera traducción del inglés al francés del libro que narra estas aventuras extraordinarias.

CLAVE NÚMERO TREINTA Y TRES
LA DINÁMICA CREATIVA, ACTIVADA ELECTRÓNICAMENTE,
OPERA DE MANERA DIRECTA EN CUALQUIER SITUACIÓN
DE LA VIDA DIARIA Y EN MEDIO DEL MUNDO.

SILENCIO ACTUANTE.

RADIACIÓN EXPERIENCIAL.

MANIFESTACIÓN DE CONTROL Y CAMBIO.

Te recuerdo que este tipo de cocontrol superior para armonizar y elevar las frecuencias circundantes de ninguna manera ejerce control sobre otra forma de vida, y tampoco influye o domina, que es la manera en que se entiende y aplica el control, en el intercambio de polaridades separadas, como es en este campo limitado de acción.

Día TREINTA Y CUATRO

Ahora disponte a seguir estos pasos mediante tu propia capacidad de creación. Antes recuerda que creamos en todo momento, y esa construcción es de inmediato manifestada en tu experiencia: decidimos cómo enfrentar el día, elegimos entre muchas posibilidades, actuamos de acuerdo con la elección de nuestros sentimientos, y en toda forma de expresión cotidiana. Ese simple modo en apariencia, de pasar el día, genera lo que es nuestra lección en el tiempo llamado *futuro*.

Esa misma forma de crear, tan simple y directa, es la que vamos a emplear para activar tu programa original de conexión, pues así como lo que decidas realizar en lo invisible de ti mismo es lo que se manifiesta en el plano físico, así también y con mayor razón se manifestará en tu equipo, instantáneamente, ya que no requiere de densificación en la materia y es generado atemporalmente por el ser que es también atemporal.

Vas a dar ciertas órdenes creativas a algunos de tus *chips* principales para generar ciertos circuitos de encendido. De ahí que era tan importante que accedieras a activar esa información y cambio de *switch* sobre el reconocimiento del ser-energía que eres y tu equipo electrónico. Basta con darte esas órdenes internas para que esto se produzca. Vamos a poner un ejemplo de la vida cotidiana.

Cuando tomas una decisión cualquiera, estás dando una orden creativa para que se manifieste, veamos. Si creas la instancia siguiente: Voy a visitar a una amiga y de paso compraré unas flores para llevarle de regalo; ¿te das cuenta que todo ya está en camino para manifestarse? A menos, claro, que de inmediato tomes otra decisión creativa que sería: *No hacerlo*. Si te fijas, en cuanto decidiste esa visita y la compra de las flores, antes de realizar el acto ya viste instantáneamente todo ello, sin necesidad de visualizar con esfuerzo el evento. Esto sucede porque todos los componentes de esa creación ya son conocidos de manera íntegra en tu experiencia.

Al igual que todo lo que realizamos internamente ya existe en nuestra memoria original (en el noventa por ciento de nuestro ADN), y me refiero a los encendidos de nuestro equipo electrónico. Por eso se puede establecer, y además como dije, instantáneamente. Nada existe en el universo manifestado o no manifestado que no nos pertenezca... recuerda que somos parte del holograma del Universo y contenemos en nosotros su memoria completa.

CLAVE NÚMERO TREINTA Y CUATRO
TOMAR UNA DECISIÓN Y REVISAR: *¿CUÁL HA SIDO MI PUNTO DE ATENCIÓN? ¿DESDE QUÉ SENTIMIENTO LA ESTOY TOMANDO?*

DARSE CUENTA CUÁN INSTANTÁNEA ES LA APARICIÓN DE LA IMAGEN DE AQUELLA ACCIÓN QUE VAMOS A REALIZAR.

ESTA ES LA FORMA DE VISUALIZAR EN TODO ACTO CREATIVO... ¡ES INSTANTÁNEA!

Día TREINTA Y CINCO

Entonces seguimos. Sentado cómodamente espera saber qué es y cómo opera la CONEXIÓN, que es la clave primordial por recuperar como nuestra herencia. Como seres-energía electrónicos, siempre debemos estar conectados a una Fuente Generadora que nos mantiene encendidos (vivos en nuestra identidad). En este campo atómico limitado, ese potencial que nos alimenta se encuentra disminuido por una barrera de frecuencia que pertenece a esta fórmula de existencia en la materia, dentro de este campo atómico. Sin embargo, mantiene la suficiente potencia para facilitar nuestra creación aquí, de manera restringida, para llevar adelante esta experiencia de aprendizaje transitorio.

Es fundamental entonces sacar la barrera de frecuencia para que el potencial de la Fuente Generadora pueda encender correctamente su equipo a las frecuencias adecuadas, más cerca del potencial original; por lo tanto, con mayor influencia de perfección, tanto en la malla creativa como en los resultados de manifestación cotidiana.

Para ello es imprescindible generar un acto creativo que cumpla con la ley que permite ese encendido. Es necesario el deseo más profundo, el sentimiento de aceptación en su más elevada frecuencia y la atención dirigida hacia el propósito y, por supuesto, el sentimiento de determinación. Luego dejar que fluya la activación del programa original que vamos a encender.

CLAVE NÚMERO TREINTA Y CINCO
ELIMINAR LA BARRERA DE FRECUENCIA ES UN ACTO
DE CREACIÓN COTIDIANA POR ATENCIÓN DIRIGIDA Y
SENTIMIENTO DE ACEPTACIÓN.

EL ENLACE ES DIRECTO AL ORIGEN SUPERIOR DEL SER
CUANDO SE HA CONOCIDO A SÍ MISMO.

ES EL PRINCIPIO DE CONEXIÓN.

Día TREINTA Y SEIS

Antes de entrar de lleno a activar la CONEXIÓN, es requisito que tengas integrada a tu proceso creativo parte de la información que existe en la memoria del origen (noventa por ciento del ADN), y eso significa haber leído y asumido TODOS los textos entregados, dosificados, para poder aceptar con fluidez, sin intelecto.

Si no has seguido esta indicación, no podrás recibir los beneficios de activación de la CONEXIÓN, y este ejercicio solo significará un agradable estado, lo que no es el propósito de este libro. Tal como te he repetido, encarna la diferencia de un proceso armónico de transición a una mayor perfección planetaria e individual generar la línea positiva dentro de las aperturas temporales de este período cíclico de 26,000 años que, junto con ser nuestra responsabilidad individual, además nos beneficiará extraordinariamente.

ES LA RECUPERACIÓN DEL MODELO ORIGINAL, COMENZAR
A RECIBIR LA HERENCIA... Y PONERLA AL SERVICIO DE LA
HUMANIDAD Y EL PLANETA.

Al establecer la red de CONEXIÓN, el ser-energía que eres se potencia electrónicamente, y cuando eso sucede puedes, entre muchas cosas, influir o controlar los campos moleculares logrando modificar resultados, o bien elevar frecuencias de armonización entre eventos de la naturaleza y la malla creativa, disminuyendo de manera ostensible sus posibles efectos negativos. ¿Estás listo? Pues bien, estamos a punto de comenzar el encendido electrónico…

CLAVE NÚMERO TREINTA Y SEIS
RESPONSABILIDAD, CONGRUENCIA CON EL PROPÓSITO FINAL, PRÁCTICA DE CREACIÓN EN ALTA FRECUENCIA.

REVISIÓN DE LA MEMORIA DEL ORIGEN
MEDIANTE REPASO INFORMATIVO.

Día TREINTA Y SIETE

A los amigos pinealistas que ya han activado el programa completo, que incluye el encendido del centro creador pineal pituitario, y que ahora han accedido a este libro, les advierto que dentro de esa fórmula ya experienciada y aplicada por ustedes tienen aquí una variante creadora que permite una actividad particular del equipo, destinada a potenciar la frecuencia electrónica de forma específica y con ello asumir el rol de irradiación e influencia en la malla del Universo de una manera global y determinante.

Así, colaborarán de manera concluyente a la manifestación del ajuste armónico de los procesos ascensionales planetarios, incluyendo el beneficio individual que ello trae consigo y, sobre todo, lo harán una vez conectados desde su máximo poder creador pineal pituitario que determinará la victoria y apoyará poderosamente a toda la red de seres que a su vez estén conectados mediante la recuperación de la fórmula.

En cuanto a ti, que recién entras en esta aventura creativa, deberás saber que esta CONEXIÓN que vas a realizar es la clave original de recuperación del modelo arquetípico, a partir del cual se pueden encender todos los otros circuitos mediante la aplicación de las fórmulas correspondientes, como es el caso del mismo circuito pineal-pituitario mencionado, o el regenerativo del *chip* cerebelo, entre otros. Para ello existen otras claves de mayor profundización, que tienen que ver con fórmulas creativas específicas que se requieren para activarlos.

Una vez que ya se haya recuperado la frecuencia luz, es decir, LA CONEXIÓN, esta se mantiene mientras tengas el control de la atención y el sentimiento de aceptación en alta frecuencia. Sin embargo, una vez conectado, te será muy fácil sostener atención y sentimiento sin alteración.

¿Cómo reconoces que te has desconectado? Sencillamente, cuando algo te ha preocupado, o molestado, o te has incomodado por alguna situación, o llevaste la atención a donde no debías, entonces sintonizaste con bajas frecuencias y automáticamente se produce la desconexión. ¿Por qué? Porque ese tipo de sentimientos solo existe en campos de polaridades separadas (duda / certeza: logro / fracaso: malestar / bienestar, etc.).

Como ya lo sabes, la frecuencia electrónica tiene que ver con la perfección, que es ausencia de polaridades separadas, como es el caso de la manifestación creativa en la materia, en este campo atómico. Cuando se vibra en una frecuencia perteneciente a este campo limitado, que podemos llamar *horizontal*, se desconecta el programa *vertical*, que es electrónico y tu creación y resultados pasan a estar bajo estas leyes de polaridades separadas, tal como han sido tus acciones hasta ahora.

Por eso, la creación desde la CONEXIÓN jamás es utilizada erradamente, se desconecta de forma automática del programa original por diferencia de frecuencia.

¡Paciencia!, es necesario integrar esta comprensión. Al cumplir los 40 días estarás conectado correctamente y listo para comenzar a crear con A-MOR.

CLAVE NÚMERO TREINTA Y SIETE
LA ELEVACIÓN ELECTRÓNICA MEDIANTE LA CONEXIÓN PERMITE ENCENDER CIRCUITOS ESPECÍFICOS DE LAS POTENCIAS ORIGINALES AÚN NO EN MANIFESTACIÓN.

LA DESCONEXIÓN SE RECONOCE FÁCILMENTE.
EXPERIENCIAR, RECONOCER Y RECTIFICAR.

Día TREINTA Y OCHO

¿Qué puedes hacer una vez encendido al potencial original-luz? De acuerdo con el Método Cyclopea, entramos en una frecuencia mayor que la que permite el campo atómico en el resultado de la materia, incluyendo por supuesto nuestro físico y todos sus aspectos biológicos. Como en nuestra vida cotidiana nos movemos en medio de resultados de creación, es posible entonces, si fuera necesario, cambiarlos. Desde ese estado es factible modificar efectos que de otro modo sería imposible.

La ciencia actual nos avala al decir que, solo desde un campo mayor, se pueden controlar o modificar los campos moleculares y cambiar los resultados, coincidiendo plenamente con nuestra fórmula. Esta es la manera de producir lo que llamamos *milagro*. Pues bien, ese es el estado que adquieres cuando estás conectado. Es ahí donde se genera el poder cocreador (Fuente Generadora-Equipo electrónico).

En este tiempo hay mucha información, muchos consejos y advertencias, ciertas técnicas muy positivas para apoyar y ayudar a la preparación. Todo ello conforma las ramas que emanan de un tronco común que es la Conexión, aunque no todas la toman de manera directa, y la mayoría recogen la información de la malla lumínica de alto voltaje del Universo. Según el objetivo terapéutico o guiador, será el vínculo que recibirán del tronco central en la frecuencia adecuada a la labor.

La fórmula original es una sola, de la cual provienen todas las variables necesarias para cumplir con las múltiples áreas de acción. Encender el circuito específico de CONEXIÓN original es la clave central que siempre ha estado presente en la esencia de los grandes movimientos espirituales que ha habido en la historia de la humanidad, y representa recibir la herencia para convertir al ser en creador de universos.

Tanto las escuelas iniciáticas como las disciplinas entregadas por los grandes avatares han contenido la fórmula para salir del encierro, sustentada en las grandes leyes que han acompañado a la humanidad en su comportamiento social, cultural y espiritual, pero fue reinterpretada o velada por el hombre mediante las instituciones humanas.

Pon mucha atención a esta parte de las informaciones que vienen a continuación, pues está directamente vinculada a la recuperación correcta y efectiva de la conexión.

Al principio fueron muchos preceptos obligados bajo premios y castigos (como el Código de Hamurabi), luego fueron Mandamientos, afirmaciones y negaciones, las Tablas de la Ley… los Libros Sagrados. En todos ellos estaba la fórmula, sus normas se reducían a dos leyes universales de encendido que el gran Avatar de esta era, Jesús, simplificó y entregó sin secretos:

1) Primero: Amar a Dios por sobre todas las cosas y
2) Luego: Amar al prójimo como a sí mismo.

Buda también lo señaló: primero la media vía y luego la compasión.

Antes, muchas leyes, muchas condiciones, pero todas, absolutamente todas, eran reducibles a esas dos leyes.

No hablo para ustedes —dijo Jesús hace más de 2,000 años—, *sino para los que vendrán*, y esos somos nosotros, cuando la ciencia y la elevación de frecuencias planetarias nos acercan al gran cumplimiento.

¿Qué quieren decir ambos preceptos globales?

1) Amar a Dios por sobre todas las cosas: primero, hay que conectar el equipo electrónico a su Fuente Generadora. Sin ese potencial de mando del gobierno central, emanado sin barrera de frecuencia, nuestra creación es limitada y parcial, sostenida entre opuestos separados, bajo cuyas condiciones fluctuantes se manifiesta la transitoriedad.
2) Absorber mediante los filamentos vinculantes (como el cordón umbilical), el fluido electrónico proveniente sin obstrucciones del potencial creador original del cual emanamos, en el *chip* central del centro cardíaco con el sentimiento de aceptación más intenso a través de la respiración natural, cotidiana.

Ese fluido es el poder creador mayor del Universo llamado A-MOR (sin muerte), que recibimos como energía potencial de vida y al espirar nos inunda primero a nosotros para seguir expandiéndose sin límites. No es controlado por nosotros, existe de manera natural y, cuando lo permitimos mediante nuestra aceptación, se intensifica como si abriéramos una compuerta. Se ama tanto al prójimo como a sí mismo, de igual manera (sin elección ni obstrucción) a amigos y enemigos, sin aumento ni disminución… y entonces el equipo se enciende y puede comenzar la recuperación de la herencia superior, extraviada en la aventura creativa desde que nos desprendimos parcialmente del origen primordial.

Recuerda que al convertirte en ser-luz te transformas en el aliento de Dios, respiras su aliento que se hace tuyo, pues la luz no es aún Dios, solo parte, es solo su aliento.

CLAVE NÚMERO TREINTA Y OCHO
EL SENTIMIENTO DE SOLEDAD ES SÍNTOMA
DE DESCONEXIÓN.

LA PREOCUPACIÓN ES SÍNTOMA DE DESCONEXIÓN.

TODO SENTIMIENTO QUE SE MIMETICE CON LA RED
DE POLARIDADES SEPARADAS (SENTIMIENTOS QUE
TENGAN OPUESTO), ES SÍNTOMA DE DESCONEXIÓN.

CONSIDERAR LA SEPARACIÓN ENTRE LOS SERES
ES SÍNTOMA DE DESCONEXIÓN.

CIENCIA Y ESPÍRITU JUNTOS ACELERAN LA CONEXIÓN

CONEXIÓN ES RECIBIR LA HERENCIA EN SU
TOTALIDAD EN LA MEDIDA QUE LA UTILICEMOS.

Día TREINTA Y NUEVE

Iniciamos la CONEXIÓN:

- Cómodamente sentado, vas a recordar quiénes somos: seres-energía electrónicos (Luz), atemporales, creadores e inmortales. Contenemos la memoria del Universo; densificados a este campo, vamos a encendernos en la recuperación del potencial-luz (electrónico), al dar la orden creadora (manifestación de lo que queremos producir).
- Para ello, así como decides realizar una acción cualquiera, determina con el más profundo sentimiento de aceptación y la atención dirigida al evento que se encienda una luz en el centro del cerebro… Recuerda que basta con dar esa orden

para que se produzca, y siente cómo se efectúa instantáneamente.
- De forma inmediata, da la orden de conectarte con la Fuente Generadora por medio de filamentos electrónicos (de luz), que están en nuestro patrón original y que nos vinculan a través de la cima de la cabeza, lleva la atención a la Fuente y déjala ahí.
- Simultáneamente, siente cómo emana desde la Fuente un fluido (corriente electrónica) para anclarse en el centro cardíaco que pasa por esos filamentos de luz a través de tu respiración normal, cotidiana.
- Al inspirar absorbes ese fluido y al exhalar se expande naturalmente, sintiendo cómo te llenas con ese fluido y cómo este se va expandiendo primero en ti y sigue su expansión sin límites abarcando hasta alcanzar el Universo entero (tú no lo manejas, solo lo sientes). Tampoco tienes que imaginarlo o verlo… solo expresas tus órdenes creadoras y experimentas sus efectos.

Este fluido que estás absorbiendo es el potencial electrónico, el poder creador perfecto mayor del Universo llamado A-MOR… Así se cumple la Ley de recuperación de la herencia creadora y el principio de la perfección en nuestras vidas.

En cada inspiración se intensifica el sentimiento de aceptación amorosa de este fluido electrónico que se ancla en el *chip* central del equipo (centro cardíaco), o sol central de tu universo, y al exhalar siente cómo se expande sin elección ni obstrucción, abarcando la totalidad. Se absorbe en el UNO y vuelve a ser inspirado mediante la Fuente Generadora, o gobierno central.

A estas alturas es necesario aclarar que esta fórmula no puede mezclarse con ninguna otra, debido al tipo de frecuencias en las que se aplica.

Si por ejemplo quisieras hacer yoga, debes realizar ambas disciplinas separadamente, no juntas. Si mezclas, se anulan las potencias y beneficios de ambas, por desorientación energética.

¿Por qué? Porque las técnicas de yoga apuntan al equilibrio de las polaridades como objetivo primordial, partiendo del centro Hara (el punto medio del hombre), y ello significa trabajar con la estabilidad y control de las energías existentes en el campo atómico para lograr sus beneficios.

De esta manera también se obtienen resultados maravillosos en yoga que, a la larga, si eres perseverante y disciplinado podrás igualmente llegar al estado de *Samadhi* (iluminación, o encendido del equipo) y es ahí donde empieza el camino del control milagroso de los resultados en la materia, entre otras cosas, hasta llegar al estado de Nirvana o Paraíso.

Te he aclarado este aspecto de la disciplina del yoga para que no se malentienda el hecho de que te advierta sobre la necesidad de no mezclar ambas técnicas.

En cuanto a la Conexión, esta funciona por elevación de frecuencia electrónica instantánea, producida directamente de la Fuente Generadora (potencia original) que opera desde el campo electrónico. No es el hombre elevando su frecuencia hasta alcanzar una meta, sino que es el poder de la fuente de origen el que controla esta elevación hasta el potencial requerido de manera perfecta. Opera directamente desde la luz primordial, en ausencia de polaridades. Si lo tratamos como analogía, podríamos decir que una trabaja con lo horizontal y la otra con lo vertical.

Experiencia sus efectos durante el tiempo que quieras. Si sientes que se te llenan los ojos de lágrimas, debes saber que es la copa que se desborda y no tiene que ver con emociones contenidas, y menos con estados de tristeza.

¡Estás listo!... así de simple. No dejes que la memoria-humanidad te distraiga diciéndote: ¿*cómo, tan fácil?*

¿Resultará? Porque es imposible que no se produzca... ¡está en tu memoria del origen y es de naturaleza perfecta!

A partir de ahora estás en condiciones de crear tu paraíso soñado, irradiarlo en la malla, ver sus resultados y expandirlos para formar parte de los creadores de universos, cumpliendo su rol luminoso para estos tiempos. La línea de tiempo positiva se volverá perfecta.

¡Gracias por amar tanto!

Ámense los unos a los otros como yo los he amado es la síntesis del Nuevo Mundo: la malla tejida entre todos los creadores de universos que es esta humanidad, y todas las que habitan los multiversos de la Gran Creación original.

CLAVE NÚMERO TREINTA Y NUEVE
PROPÓSITO. BÚSQUEDA. ENCUENTRO. EXPERIENCIA.
DECISIÓN. DETERMINACIÓN. MANIFESTACIÓN.

LA LIBERTAD Y EL AMOR EN LA PERFECCIÓN CREATIVA
FORMAN PARTE DE LA HERENCIA CREADORA DEL SER…

Día CUARENTA

Esto que recibes es la oportunidad de experienciar los efectos de tu propio potencial recuperado y dependerá solo de ti su uso e influencia en los distintos eventos de la vida. Todo viene desde dentro de nosotros, nada viene de afuera. Son veinte años de una constante expansión a través de la experiencia del método original, Cyclopea, y de los miles de seres que hoy se han recuperado y están utilizando esta forma perfecta de vivir y de crear.

Es entonces cuando esta fórmula ya en manifestación, que por sí sola y mientras se mantenga y se haga un hábito en la vida cotidiana, estará influyendo en la malla creativa, en el planeta y en cada uno de los que practiquen esta recuperación, como es tu caso.

Activación de ajuste de frecuencias planetarias

Para intensificar y ayudar a la elevación ascensional armónica planetaria y el control de encaje armónico con los eventos de cambios, una vez que estés conectado, manteniendo ese estado, bajo órdenes creativas específicas, comienza a sentir cómo vas subiendo en vibración.

Solo tienes que tomar la decisión y dar las órdenes creadoras de subir desde 8,000 UL (que fue la medición elegida de radiestesia) a 9,000 UL. Una vez que sientes esa nueva vibración, subes a 10,000 UL, y luego a 11,000 UL, hasta llegar a 12,000 UL. Por último, decides subir a 13,000 UL. Permanece en ese estado sintiendo solamente esos efectos. En este tiempo ensueña el panorama que preparaste en el ejercicio de días anteriores y siente sus efectos. Es el momento en que se está produciendo esa influencia de equilibrio en la red, y ya podríamos pensar que has ayudado a disminuir la brecha entre un evento violento y un acomodo suave de los procesos de la naturaleza, optando los efectos por lo último.

El momento de terminar este ajuste se produce naturalmente, al sentir una sensación de vigilia que te regresa a la experiencia cotidiana. Mientras estás subiendo tu potencial, es posible que sientas algún ajuste físico parecido a mareo o sensación de náusea. No es común, pero si ocurre es una buena señal de que hay resultados positivos. Esos síntomas pueden indicar adecuaciones sanadoras.

Si te parece más adecuada a tu entendimiento, puedes hacer esta elevación de manera numérica: 9, 10, 11, 12 y 13.

El haber alcanzado estas frecuencias y permanecer en ellas el mayor tiempo posible genera equilibrio planetario en la malla por control vibratorio y, con ello, la posibilidad de influir de manera determinante y directa en los efectos de la naturaleza. No lo olvides, pues significa la diferencia entre un evento catastrófico y un suceso benéfico y normal.

Así estás cumpliendo tu rol individual en tu propia y única potencia creadora que eres en este gran Plan Superior, donde todos tenemos una responsabilidad única y poderosa: generar toda nuestra creación desde este nuevo estado, ya recuperado.

Mientras estés en esta CONEXIÓN, la practiques y crees desde esa frecuencia electrónica que es tu identidad, advertirás cómo las decisiones y actividades que realices se verán manifestadas en maravillosas experiencias e irradiarán en tu entorno, en silencio, anónima y benéficamente. Contribuyes así a que otros reciban estas bendiciones y se contagien con esas frecuencias.

Si eres católico o cristiano serás mejor católico o cristiano; si eres judío, budista o musulmán, también mejorarás tu propia identificación con el camino elegido; si eres agnóstico o ateo, la perfección que buscabas llegará a tu vida y con ello tu identificación original. Así, cualquier camino elegido será más potente y benéfico de lo que podrías soñar, pues descubrirás la verdad global que subyace en cada una y en todas las manifestaciones constructivas actuales o anteriores. No se contradice con aquellos caminos paralelos que buscan el bien común, sin tener ni reconocer pertenencias espirituales específicas o creencias superiores.

Si buscas la perfección, estarás más cerca que nunca de manifestarla. Somos creadores de universos y nuestra tarea es crear esos universos basados en la potencia del AMOR superior, absorbido en cada respiración directamente de la Fuente de origen, que es el UNO y que nos involucra a todos en esa malla maravillosa que vibra en la frecuencia del aliento primigenio creador.

La Conexión original no se puede activar totalmente si no es encendiendo los circuitos correctos y en el orden preciso de la red interna del equipo electrónico del ser en relación con los filamentos de la Fuente Generadora de poder. Todo ello antecedido por el proceso estimulador de la apertura del almacén genético de la memoria del origen, por sintonización de información secuencial y específica. Cualquiera otra forma de

Conexión puede ser parcial, al solo manejar en parte el programa original.

En cuanto a quienes logran esa Conexión sin depender de la fórmula, sino por mérito, han conseguido el impulso de encendido natural y su consiguiente acoplamiento electrónico mediante su propia preparación y acción creadora. Han debido contener un poder de determinación, de perseverancia en la intensidad del sentimiento amoroso hacia lo superior, de certeza de lo invisible (que es la Fe) y mantenerlo con firmeza, sin dar lugar a nada más ajeno a ello para manifestar e irradiar ese amor con el cual se han vinculado. De ahí que son muy pocos quienes alcanzan esa victoria, pues se requiere convertirse en luz para lograr sintonizar en frecuencias con su objetivo superior. Son quienes nos han dado el ejemplo a seguir a través de las edades; se llaman Maestros, Yoguis, Santos, o simples Seres anónimos de buena voluntad.

El hecho de que esta fórmula haya llegado a nosotros en medio del ajetreo del mundo la hace más difícil de mantener, pero más meritoria. Si bien antes los buscadores que alcanzaban los lugares lejanos y especiales, donde recibían instrucción para esta realización, podían gozar de tranquilidad y un ambiente propicio para el éxito de su objetivo, una vez concluido su aprendizaje debían volver al mundo para probarse, y era ahí donde la mayoría se extraviaba. Entonces nuestra victoria es mayor y definitiva.

El éxito de esta empresa lumínica se debe a que no se entrega a través de una enseñanza ni conocimiento analítico o intelectual, como es la forma limitada de este mundo, sino que se transmite por irradiación experiencial, como hilo conductor emanado de una misma Fuente Generadora que crea la sintonía y enlace perfectos entre los seres-energía creadores que en su deseo se han sumado a esta frecuencia superior.

TODO ES CREACIÓN PERMANENTE Y SUS MANIFESTACIONES DEPENDEN DEL PODER DEL SENTIMIENTO QUE DETERMINA EL PENSAMIENTO, LA DECISIÓN Y LA ACCIÓN.

Conozcan la verdad, y la verdad os hará libres.

CLAVE NÚMERO CUARENTA
LA PRECISIÓN CREADORA, MANIFIESTA… LA DISPERSIÓN CREADORA MINIMIZA, DESHACE, PERO SI NO ESTÁS PREPARADO, ES MEJOR LA DISPERSIÓN QUE PROVOCAR UN RESULTADO PODEROSO NEGATIVO…

CREAR SIEMPRE DESDE LA CONEXIÓN ASEGURA LA VICTORIA DEL MILAGRO POR EL PODER DEL AMOR.

Día fuera de CRONOS

Ciencia, espíritu e historia se unen en esta conjunción de información. Nuestro científico contemporáneo, Garnier Malet, se refiere a los 40 días en relación con las aperturas temporales que se están produciendo en este período, diciendo que una apertura imperceptible en nuestro tiempo corresponde a 40 días en el futuro. Una información o creación perfecta desde la Fuente nos estabiliza 3 días, una de las nuestras estabiliza nuestro futuro durante 40 días.

En concreto, un intercambio entre ambas informaciones creativas después de esos 40 días (correctamente realizado) debe manifestarse definitivamente.

La celebración de Cuaresma en la tradición cristiana es también una señal importante. Los 40 días de Jesús en el desierto determinan el significado de esta preparación para la manifestación de su misión y rol universal.

En el Antiguo Testamento se narra el episodio de Nínive y las advertencias de Jonás sobre su posible destrucción, porque el mal comportamiento de ese pueblo, su forma de pensar y crear eran muy negativos. No sería Dios quien castigaría a Nínive, sino su propia baja frecuencia creadora. Ante el anuncio de Jonás, sus habitantes se reunieron y decidieron cambiar su forma de actuar y, gracias a esa unión en pos de un proceso armónico, cambiaron el futuro potencial y en 40 días se había logrado la victoria, y Nínive no fue destruida.

El puerperio o cuarentena es el período que sigue al parto y se extiende el tiempo necesario para que el cuerpo materno —incluyendo las hormonas y el aparato reproductor femenino— recupere su condición original.

Por último, para eliminar ciertos resultados biológicos en enfermedades, se requiere también de una «cuarentena». Incluso en informática se utiliza para la acción de los antivirus de denegar todo tipo de permisos a un fichero para evitar daños en el ordenador, sin borrarlo, logrando así un mejor funcionamiento.

Cuando inicié en Facebook estas entregas que hoy tú tienes en tus manos en este libro, no tuve propósito de tiempo ni de fechas, solo comencé día a día a escribir la secuencia de información, ejercicios y claves (que no deben ser saltados) para que muchos tuvieran acceso a este, para mí, privilegio de compartir, y terminó justo a los 40 días, porque todo está en orden en el Universo.

DEBES SABER QUE LA FÓRMULA QUE HAS RECIBIDO ES LA RECUPERACIÓN DE LO QUE SIEMPRE HEMOS BUSCADO, LA MANIFESTACIÓN DEL MODELO ORIGINAL QUE EMPIEZA A REALIZAR SU CREACIÓN PERFECTA, ABARCA TODOS LOS ASPECTOS DE LA VIDA, NO REQUIERE DE COMPLEMENTOS NI APOYOS LATERALES, SALVO LA PROFUNDIZACIÓN EN LA RECUPERACIÓN DE TODAS LAS POTENCIAS MANTENIDAS EN LA ESENCIA ELECTRÓNICA DEL SER, DISPONIBLES PARA SER RECUPERADAS EN LOS ENCENDIDOS CORRECTOS DE ACUERDO CON LA LEY.

(Te insisto en que lo que te he entregado NO es la activación de la glándula pineal).

Por un trabajo personal de 33 años, iniciado en 1979 con mi viaje en busca de la respuesta a mis experiencias extraordinarias, en mi aprendizaje de vida en la imponente aventura, encuentro y realización de esta recuperación de las claves del origen, tuve que crear la técnica que permitiera que todos pudieran alcanzar dicha recuperación y potencias que, siendo mi privilegio, pudieran también ser privilegio tuyo. Debe evitarse que esta fórmula que he entregado en estos 40 días sea manipulada, alterada o entregada irresponsablemente, por los motivos que tú ya has conocido a través de estos 40 días para manifestar el Paraíso.

Un gran abrazo de luz azul… y si te sientes identificado en esta tarea entregada: ¡gracias por pertenecer al contingente responsable y amoroso que cuida el planeta en ascensión a partir de sí mismo y su preparación interna individual!

CLAVE FINAL

TRES VECES EN EL TIEMPO ATÓMICO PRACTICANDO LAS 40 CLAVES, UNA CADA DÍA, Y 24 DÍAS MÁS ELEVANDO A FRECUENCIA 13, CORREGIRÁS MANIFESTACIONES ERRADAS, ENCENDIENDO ESE TEJIDO DE LA MALLA, COMO UN CARNAVAL DE COLORES DE LA LUZ.

SIETE VECES EN EL TIEMPO TERRESTRE PRACTICANDO LAS 40 CLAVES, UNA CADA DÍA, EN FRECUENCIA 13, AFIRMARÁN LAS NUEVAS MANIFESTACIONES QUE CONTRIBUIRÁN A CREAR UN PARAÍSO EN LA TIERRA.

NUEVE VECES EN EL TIEMPO CÓSMICO PRACTICANDO LAS 40 CLAVES, UNA CADA DÍA, EN FRECUENCIA 13, MÁS 3 DÍAS EN FRECUENCIA 17 (QUE ES LA VIBRACIÓN DEL SER-ENERGÍA SUPERIOR), MANIFESTARÁS LO AÚN NO MANIFESTADO, ASOMBRANDO AL CREADOR QUE ERES.

Experiencia de creación en la malla, individual y colectiva

Una simple historia de cómo transcurre la vida en perfección y las redes creadoras se tejen en el orden del universo individual y cósmico como una sola malla.

Cómo se crea la vida

Desierto de Atacama, 2004
Éramos 30 personas en ese verano. El equipo de trabajo lo conformaban en esa oportunidad, Cristián, Francisca, mis dos hijos Denisse y Anthony, y seis personas más que estarían a cargo de la logística y la atención. La cita fue en el desierto de Atacama, lugar donde viví en forma permanente por más de 10 años, y unos cuantos más entre viajes por el mundo.

Aquí fue donde ocurrió esta enseñanza que enlaza este Universo con los universos de creación superior.

Fue el último taller del desierto realizado en Nahuarque, a 3,600 metros de altura en plena naturaleza virgen. Las tiendas de campaña se levantaban como setas coloridas encendiendo el paisaje marrón de arena y piedras. La cocina estaba dentro de una de las cabañas indígenas, de suelo de tierra y quien estaba a cargo de la alimentación era un famoso chef chileno en vacaciones, que durante el año operaba en un elegante restaurante santiaguino.

Las duchas eran al aire libre, las mujeres iban a la vertiente de agua cerro arriba y los hombres al manantial que brotaba de una gruta cercana, y el retrete se encontraba escondido en un par de corrales de piedra. Quienes participaban de esta aventura se sentían libres y entusiasmados con esta experiencia, donde todos los hábitos ciudadanos de dependencias y apegos quedaban guardados en un rincón oculto de la memoria. Aún no sabían que nunca más recuperarían de la misma forma ese modo anterior de considerar la vida.

El compromiso

Era el penúltimo día y el grupo ya consolidado comenzaba a sentir la cercanía del regreso, y con ello el término de una experiencia poderosa que marcaría un antes y un después del desierto. Esa noche, todos se reunieron para observar el cielo que ya debía mostrar la Vía Láctea en toda su magnificencia, pero estaba nublado, una espesa bruma, típica de las altas montañas en los veranos lluviosos altiplánicos, apenas dejaba ver el entorno a unos veinte metros de distancia.

Habían aprendido a ver las constelaciones oscuras de la Yacana, la llama y sus compañeros, Yutú la perdiz, y Atok el zorro, tal como la cosmogonía andina las había identificado en los albores de la historia americana; sin embargo, esta vez no tendrían la oportunidad de observarlas.

Pero había algo más... el vínculo poderoso generado entre todos durante esos cinco días transcurridos estaba a punto de dar inicio a la aventura más sorprendente que podrían imaginar. Era el comienzo de un aprendizaje extraordinario que aunaría una serie de eventos construidos por el tejido creador de un conjunto de seres en comunión con un propósito superior: conocerse a sí mismo.

En esos momentos, una voz surgió en medio de la reunión al aire libre: ¿Por qué no hacemos la conexión y creamos una noche estrellada? Tras un instante de reflexión, un coro de exclamaciones aprobó la idea. Nadie dudó que aquella creación pudiera fallar, pese al nublado cerrado que rodeaba la escena. Apenas terminado el ejercicio, abrimos los ojos y sobre nuestras cabezas un enorme círculo sin nubes mostraba parte de la Vía Láctea y alcanzamos a distinguir Orión, Sirio y la Cruz del Sur. Al poco tiempo el cielo volvió a cerrarse ante nosotros, como si un telón gris oscuro nos hubiera señalado el término de la función y el alcance todavía incipiente de nuestro tejido creador.

Fue tal el entusiasmo por este cumplimiento fugaz, aumentado por el inminente final de aquellas aventuras individuales y colectivas que se generaron en los ya cinco días transcurridos, que algunos expresaron su deseo de quedarse más días, aunque sabían que eso era imposible, pues todos bajarían a la mañana siguiente y el lugar quedaría cerrado y solitario. Pero Maite, una de las participantes más conmovida con la idea, señaló:

—¿Y qué tal si nos quedamos todos? —pensándolo mejor añadió— Bueno, o nos vamos todos juntos, o nadie se va.

—¡¡¡Esooo!!! —gritaron en conjunto.

Ninguno de los presentes se imaginó qué significaría ese acuerdo en los futuros acontecimientos donde la creación colectiva e individual tendría un importante resultado y una lección maravillosa. Luego de ese compromiso espontáneo, cada uno se retiró a descansar. Tampoco hubo alguien que reparara en Matilde, quien permaneció durante todo el tiempo completamente ajena a las propuestas y decisiones del grupo.

En la madrugada se realizaría la *caminata ascensional* y se necesitaría de toda la energía para subir la montaña a las cinco de la madrugada en busca del sol y su primer saludo. Nadie quiso preguntar qué pasaría si amanecía tan brumoso como esos últimos días, aunque seguramente más de alguno se acostó pensando en el tema con cierta aprehensión.

Sintonía estelar

A las cinco de la madrugada, sentí los pasos de Cristián, que se acercaban a mi tienda para iniciar ambos nuestro recorrido musical, despertando al grupo con un radio de pilas. Un vals de Khachaturian irrumpía insolente el silencio mágico del desierto nocturno, mientras los rostros soñolientos asomaban por las aberturas de las carpas, oteando un cielo que no se dejaba observar. Estaba completamente nublado. Apenas se veía a unos metros de distancia, y un débil resplandor de luna llena en retirada no lograba traspasar el éter totalmente cerrado a su luz.

—¿Podremos hacer la caminata? —se atrevieron a preguntar algunos más escépticos, pero solo obtuvieron un silencio dubitativo de parte del grupo, que ya estaba reunido junto a nosotros para recibir instrucciones al respecto.

—¡Por supuesto que lo haremos!, es solo tener la certeza, crearlo y sintonizar con la perfección superior —dijimos casi a coro Cristián y yo, mientras por mi lado desechaba con fuerza el porfiado pensamiento en un difícil camino a oscuras, tal vez alumbrado por algunas linternas.

Un murmullo de aprobación siguió a la arenga improvisada, y sin saber cómo íbamos a lograr esa ascensión, nos fuimos a tomar una tizana con miel para paliar el frío del momento y alistarnos mejor para emprender la subida.

Súbitamente se abrió un espacio circular en el firmamento, como cincelado cuidadosamente por una mano celestial, y la luna hizo su aparición iluminando todo el panorama desértico de esa hora, mientras todo el resto de cielo sobre nuestras cabezas continuaba totalmente cubierto y sin visos de abrir. En un principio lo vimos como una respuesta impactante de la naturaleza. La senda por la que irían los caminantes se distinguía claramente, pero, ¿hasta cuándo duraría este resplandor? Nadie se atrevió aún a iniciar la ascensión, esperando que esa oportunidad no durara mucho. Sin embargo, una certeza extraña de que esa caminata se realizaría, hizo que cada uno continuara su preparación para la salida.

Entonces sucedió algo extraordinario. Ese recorte perfecto en medio de un nublado espeso que no tenía intenciones de desaparecer se mantuvo en torno a la luna, siguiéndola intacto, en un círculo perfecto, mientras ella continuaba su recorrido inexorable. Y así permaneció durante todo el tiempo que duró la ascensión, en medio de las exclamaciones de asombro por este evento celeste que unía hombre y Cosmos en una sola creación. Una vez en el lugar, un bello observatorio natural, lleno del musical despertar de los pájaros andinos, la comitiva se dispuso a contemplar la salida del sol que se insinuaba apenas a través de las nubes. Las esperanzas no se perdieron pese a que no se veía ninguna posibilidad de que la intensa neblina se disipara.

En el momento justo en que el astro debía asomar su encendida presencia, el cielo se despejó en el horizonte, dejando ver la magnificencia del espectáculo matutino, en tanto los espectadores maravillados no daban crédito a sus ojos por ese regalo imprevisto. Pasados unos minutos, una vez más el firmamento se cubrió definitivamente, pero ya era de día y los caminantes emprendieron el regreso. Una nueva victoria creadora había tenido lugar. Sin embargo, los eventos estaban recién empezando y estos signos solo eran un preámbulo para las experiencias que pronto viviríamos.

El viaje interrumpido y otras señales

Llegó el día de la partida. Todos tenían sus equipajes listos y ordenados para ser subidos a las camionetas que los llevarían a la entrada del lugar, un par de kilómetros cerro abajo. A ese punto llegaría a las tres de la tarde el autobús que nos transportaría al aeropuerto, pues el vuelo estaba programado para las 18:00 h. Por nuestra parte deberíamos descender a pie hasta ese sector y esperar su llegada.

Todo se desarrollaba en forma normal hasta ese momento, habíamos bajado y estábamos todos reunidos, listos para abordar el autobús que demoraba más de la cuenta en divisarse en el amplio horizonte del desierto. Sin embargo, el grupo ajeno a cualquier dificultad imprevista, gozaba de esos últimos momentos en medio de una armonía extraordinaria. La tarde avanzaba, eran las 16:30 h y de la máquina nada se sabía.

Luego de numerosas carreras en las camionetas en busca del vehículo extraviado, los encargados de ello nos dicen que es posible que perdamos el vuelo, pues aunque llegara en ese momento la distancia al aeropuerto en tiempo era de un par de horas. Mientras volvían a recorrer los distintos senderos de la zona para encontrar el autobús extraviado, los ánimos no decayeron, nadie reclamó ni lamentó ese *impasse*. Muchos de ellos debían presentarse a la mañana siguiente en sus trabajos, sin embargo, permanecieron tranquilos y dándose ánimo entre todos.

Nuevamente Maite, quien siempre tenía buenas salidas, bromeó sobre la situación diciendo:

—Estamos disfrutando de un paisaje maravilloso, sería bueno para completar la dicha que nos llegaran unos cuantos colchones para tendernos cómodamente al sol.

—Las carcajadas no se hicieron esperar, porque cómo podría suceder algo así en pleno desierto.

A lo lejos se divisó un vehículo que se acercaba a toda velocidad.

—¡Es el autobús! —exclamaron algunos, y se dispusieron a observar su aproximación.

Pero al acercarse, nos dimos cuenta de que se trataba de un vehículo menor, aunque bastante alto. Era muy raro que por esos parajes se desviaran vehículos hacia Nahuarque, debido a que no es un poblado; el más cercano distaba unos 12 kilómetros en línea recta y perpendicular al camino de entrada al sendero donde nos encontrábamos.

Cuando estaba casi frente a nuestros ojos, nos dimos cuenta de que se trataba de un carro policial. Sus ocupantes habían notado un movimiento inusual en el sector y debido a ello habían enfilado en nuestra dirección para averiguar de qué se trataba. Cuando se enteraron de nuestra historia, decidieron dar aviso a la línea aérea y buscar ayuda para sacarnos del lugar lo antes posible. Pero el hecho más impresionante fue que nos pidieron cuidar de los colchones que llevaban a la escuela del poblado cercano adonde se dirigían al divisarnos, diciendo que mientras tanto podíamos usarlos, y se alejaron en busca de la ayuda necesaria.

Un momento de impacto y luego celebración. Las creaciones de un grupo conectado a la fuente y en plena armonía provocaban que se manifestaran hasta los mínimos deseos. Quedaba saber por qué estábamos perdiendo el vuelo. Recostados en los numerosos colchones esparcidos entre piedras y arena, algunos meditaban y comentaban este insólito acontecimiento, en tanto otros simplemente descansaban relajados.

El motivo

Finalmente logramos encontrar el autobús con la certeza de que habíamos perdido el avión. Los pasajeros fueron transportados en las camionetas hasta él y partimos hacia un futuro aparentemente incierto. Pese a la situación, una vez más, los participantes mantuvieron una actitud ejemplar.

Pero nosotros, los organizadores, teníamos un problema serio entre manos. En esa época la institución se encargaba de todas las diligencias de los futuros participantes del taller, y ello comprendía la adquisición de los pasajes aéreos que al contratarlos como grupo se acogían a franquicias especiales, de no utilizarse se perdían sin posibilidades de postergación o de renovación.

Subidas a una de las camionetas, Francisca y yo tratamos de ganar al autobús para buscar en el mostrador del aeropuerto una solución a esta situación que prometía conmocionar nuestro presupuesto, pues tendríamos que adquirir 30 pasajes nuevos, terminando con nuestras entradas e incluso habría que recurrir a nuestros propios recursos para completar los valores.

En parte de la ruta, mientras me centraba solo en ver todo en orden y victorioso, Francisca, preocupada, señaló:

—Fresia…, ¿qué vamos a hacer si perdemos los pasajes?

En esos momentos sentí un impulso, nacido de lo más profundo de mi ser y casi en un grito le lancé:

—¡Cállate, por favor! —sugerencia que aceptó de inmediato, y en forma tácita se unió a esa creación perfecta de que todo estaría bien.

Una vez en el aeropuerto, Francisca se dirigió de inmediato al mostrador, mientras yo la observaba de lejos acompañando a los pasajeros que comenzaban a bajar del autobús. Luego de unos minutos, me mira y levanta su pulgar indicando que todo estaba bien. Minutos más tarde, nos enteraríamos de algo extraordinario.

Los policías que nos encontraron en el desierto habían informado al aeropuerto que había un grupo de turistas extraviados en el desierto, y que se les iba a rescatar, pero no alcanzarían su vuelo. Solicitaban retrasar el despegue. Ese llamado lo recibió una auxiliar de la aerolínea mientras atendía a un viajero, quien atento a la conversación telefónica le pidió más explicaciones. Ella le habría comentado la situación con detalle, agregando que esos treinta pasajes se perderían, pues el avión no podía esperar tanto.

El pasajero que había preguntado por este evento se dio a conocer. Era gerente de la aerolínea en que viajaría el grupo, quien de inmediato pidió firmar la autorización de mantener los 30 pasajes válidos para el día siguiente en la mañana. Según la funcionaria, se trataba de la primera y única vez en que se permitía mantener vigente este tipo de boletos. Todo perfecto, más allá de cualquier apariencia insalvable.

La revelación

Para completar ese día de maravillosos aprendizajes, la aerolínea ofreció alojarnos en el hotel reservado para su personal, un 5 estrellas alejado de la ciudad, en pleno oasis campestre, donde solo unas cuantas casas de pequeños agricultores rodeaban el lugar. Así el grupo pudo gozar de una reconfortante ducha y una cena de convivencia donde se recordaron de manera anecdótica los eventos de ese día.

En tanto, una situación especial ocurría en forma paralela. Matilde, quien durante toda la travesía se había mantenido en calma pero en un silencio profundo, alejada de la algarabía natural del grupo, entablaba conversación con el personal de recepción. Vimos cómo el botones que llevaba sus maletas a la habitación detenía su marcha para señalar con su mano una dirección fuera del establecimiento.

Matilde no siguió al conserje, se encaminó decidida hacia la salida hasta desaparecer de nuestra vista.

Un par de horas más tarde, llegó completamente transformada y con una gran sonrisa de satisfacción en el rostro, se unió al grupo para anunciar algo importante.

—¿Recuerdan esa promesa que todos hicieron arriba en la

montaña un par de días antes de bajar? —comenzó—. Pues bien, les voy a contar por qué no pudimos viajar hoy.

Y empezó su relato. Ella vivía en el sur del país. Antes de viajar al taller del desierto se había hecho una promesa. Hacía ya más de 2 años, su padre había fallecido en la ciudad del norte cercana a donde se desarrollaría el evento. Cuando ocurrió el deceso, no había ningún familiar cerca y un buen hombre a quien al parecer había conocido en su trabajo se encargó de su funeral, así como de todos los gastos ocasionados. Se enteró de esta situación mucho tiempo después de ocurrida, cuando su preocupación por la falta de noticias la impulsó a buscar ayuda en la policía. Ellos le informaron del deceso, pero no supieron darle mayores antecedentes sobre la persona que había asumido la tarea de darle sepultura. Ese fue el momento en que Matilde decide buscar a este buen samaritano, cuyo único dato obtenido era su nombre: Juan Pérez.

Diversas circunstancias hicieron que fuera posponiendo su viaje en busca del benefactor para cumplir con su compromiso. Cuando aparece la posibilidad de asistir al taller, se da cuenta de que sería en una localidad cercana a la ciudad donde su padre había perdido la vida, y se juró no volver de ese lugar hasta haber dado con don Juan y poder agradecerle por su buena acción. Su ingenuidad no le permitió en esos instantes, ante su promesa, considerar cuán difícil sería encontrar a una persona cuyo nombre y apellido deberían ser muy comunes en una ciudad de más de 270 mil habitantes.

El hotel donde nos alojamos ese día estaba a unos tres kilómetros de la ciudad, por lo tanto era muy difícil que Matilde pudiera cumplir con su cometido en tan corto tiempo. Pero ella había mantenido su conexión durante todo el período en que duró el taller, determinada a finiquitar su compromiso sin importar que no pudiera viajar de regreso hasta lograr el propósito.

Lo primero que hizo al llegar al hotel fue preguntar en recepción si conocían a un señor llamado Juan Pérez. Era fácil imaginar la reacción de los funcionarios encargados de la atención al público ante una pregunta tan insólita e inocente. Era un nombre y apellido tan común, sumado al hecho de que el establecimiento se encontraba fuera del área urbana y poco o nada tenía que ver con los habitantes de la ciudad, menos aún con los numerosos Juanes Pérez que ahí podrían vivir.

Pero el botones, que escuchó su consulta, creyó conveniente contarle que en una de las pocas casas campesinas del entorno parecía vivir un señor con ese nombre. Por supuesto era muy poco probable que coincidiera justamente con quien ella buscaba, pero podía intentarlo. Sin dudar, Matilde partió rauda en pos del dato, segura de que se trataba de su personaje. Efectivamente, entre todos los «Juan Pérez» de la ciudad, este —quien vivía alejado en una casita aislada en medio del campo, que si no nos hubiéramos alojado en ese hotel jamás habría podido dar con su paradero— era el buen señor que en su momento había ayudado a su padre en su partida.

Al día siguiente todos regresaron a sus lugares de origen en el vuelo de las diez de la mañana. Pocos se dieron cuenta, de inmediato, de la trascendencia de los eventos sucedidos en esos últimos días y de cómo tejieron entre todos la mejor lección para aprender a ser Creadores de Universos.

II
América, el tesoro oculto que podemos descubrir

¿Un plan secreto para América?

La entrega de esta particular información sobre América no tiene como objetivo dotarte con este conocimiento intelectual, o contraponer datos históricos, mi interés tiene que ver con dos importantes propósitos. El primero, prepararnos para asumir el rol que nos corresponde como habitantes de este privilegiado continente y que es ahora. En la primera parte, *La Fórmula Divina*, hablé del desdoblamiento del tiempo y la aparición de las líneas de tiempo que hoy está ocurriendo. También advertí del poder creador que tiene el ser-energía para modificar resultados en la materia, y entregué la fórmula del origen que ya debiera estar activada.

Si lees este nuevo material, desde la conexión, podrás acceder a niveles más profundos de la información y descubrirás que, más allá de signos, mitos y leyendas, hay una doble lectura que siempre señala lo mismo: recuperar el modelo original, el encendido electrónico correcto en el equipo-ser-energía-electrónico (luz) que somos… ¿lo recuerdas?... ¿lo usas?... ¿lo inspiras?... es el fluido AMOR.

Los tesoros guardados en la Ciudad de los Césares, en Paititi, en Shasta, en el Lago Titicaca, y en tantos otros lugares donde la tradición señala que hay ciudades por ahora invisibles, pero a punto de ser descubiertas, corresponden a este programa original electrónico que posee todo ser venido a este mundo y al Universo. Tradiciones e investigaciones donde la ciencia mora junto al mito mostrarán estas posibilidades en los siguientes capítulos.

El segundo propósito es entregar una visión de este continente que cambiará nuestra apreciación respecto de la historia americana para tomar conciencia del privilegio de vivir en esta parte del mundo, junto con asumir nuestra responsabilidad por ello. Es aquí en América donde se está formando el crisol de razas cuyo papel es dar ejemplo al mundo al encender en luz este territorio a través del potencial electrónico AMOR que cada uno pueda expresar.

Andes es la castellanización de *Qhantir Qullu Qullu*, palabra aymara que quiere decir: *la Montaña que se ilumina*. Todo comienza y termina en uno.

Esta información no pretende convencer ni demostrar nada, sino que pondrá ante ti eventos históricos y de otras áreas de investigación para que saques tus propias conclusiones y actúes de acuerdo con ello.

Un continente enigmático

Será bueno saber que la historia que hemos aprendido no es la verdadera, ha estado llena de vacíos y errores, producto de la falta de datos fidedignos a través del tiempo, ortodoxia implacable e incomunicación planetaria (tanto interna como externa) que hemos vivido por siglos, hasta ahora, y tal vez por otras razones que no conocemos.

Investigadores e historiadores connotados del ámbito internacional están apostando hoy por una nueva epopeya donde hay que empezar por saber unas cuantas cosas, como por ejemplo, que Cristóbal Colón no era su verdadero nombre, que su misión no fue descubrir América; y nuestra historia ancestral, que es impresionantemente extraordinaria, estaría demostrando, entre otras cosas, que incluso la sabiduría de la India, hacia donde hemos mirado buscando la espiritualidad y la sabiduría de vida, emergió de las enseñanzas de los antiguos mayas y más atrás aún.

El viejo continente y el llamado «nuevo» continente están extendiendo sus alas para descubrir por fin que somos uno, y que hemos entrado en un nuevo estado de la espiral desde donde una vez más nuestro continente debe irradiar al mundo desde su potencial AMOR.

Influencias cósmicas irradiaron durante eones en el Himalaya, elevando su potencial y donde se manifestaron seres especialmente preparados para asumir su rol. Todo esto, cuando el eje de la Tierra tenía esa zona planetaria en concordancia con esa fuerza universal. Debido al movimiento procesional del Sistema Solar y al movimiento del eje de la Tierra, que según la NASA ya ha variado en diez centímetros, esa potencia del Cosmos estaría llegando al cordón andino produciendo el mismo efecto que antes en el Himalaya. Estudios del Club de Roma, tribunal científico creado en los años cincuenta, calculaban que si el eje de la Tierra se modificaba un milímetro, se produciría un cataclismo en a lo menos un tercio del planeta. Como vemos, nos hemos movido bastante, y seguimos adelante.

Como elemento de enlace entre todas estas informaciones estaría un gran plan que habría sido conocido desde principios del tiempo terrestre y que gracias al mestizaje, producido al llegar los colonizadores y fusionarse con las culturas ancestrales de este continente, generarían con el tiempo un nuevo hombre y una nueva mujer cuya genética contendría toda la memoria de este mundo. Con este almacén de experiencias, este contingente humano estaría en condiciones de dar a luz una nueva conciencia…

¡A prepararte, que las revelaciones comienzan!

¿Qué relación hay entre Colón y las profecías ancestrales?

¿Sabías que hoy en día son varias regiones de España donde se quieren adjudicar a Cristóbal Colón como perteneciente a familias antiguas de esos lugares? Todo ello porque ya se extendió la voz histórica de que no sería genovés, y que su nombre significa simplemente: *Christo Phoros Columbus* (la Paloma que porta el Cristo). Respetando la posibilidad de que su apellido sea coincidente, se le atribuye un origen noble, pero nadie ha dado con su verdadera cuna.

Por el momento te diré que la empresa de los «hermanos» Colón (Cristóbal, Bartolomé y Diego), según investigaciones en el campo de las sociedades iniciáticas, debe entenderse como un «encargo» recibido, que permita establecer en la tierra un nuevo centro a partir del cual se repita la cosmogonía, la delimitación de un real Nuevo Mundo.

Es importante saber que todas las profecías americanas (hopi, maya, tolteca, andina, inca, mapuche, azteca, etc.), anunciaron estos tiempos dándole un rol relevante a América como el continente iniciador del Nuevo Mundo. Una de estas, muy cercana a nosotros, dice: *Cuando el cóndor del sur se encuentre con el águila del norte en el lugar del jaguar, América esplenderá en luz e iluminará al mundo.* Chile, el país más austral de América, tiene en su escudo el símbolo del cóndor, América del Norte a través de México y su bandera tiene la imagen del águila, así como Estados Unidos también la considera dentro de su simbología. Y el jaguar es el distintivo de América Central, especialmente consignado como emblema en El Salvador.

Hace unos años, pueblos originarios de ambos extremos de América quisieron comprobar parte de esta profecía, generando una verdadera «mensajería» donde unos partieron del extremo sur y el otro contingente del extremo norte, y... ¡coincidieron en El Salvador como punto central de encuentro! Ahora falta que completemos el resto más importante de las profecías. Profundizaremos sobre este tema en especial, pues hay cosas sorprendentes.

Profecías reveladoras

Una de las tantas profecías americanas, la de Moctezuma, al igual que los otros vaticinios ancestrales, trasunta una sabia y sorprendente visión del futuro, como si algo o alguien les hubiera informado o preparado acerca de los eventos que tendrían que pasar a la llegada de los españoles para, luego de un fuerte y doloroso aprendizaje, llegar al cumplimiento de una gran victoria americana que daría ejemplo al mundo. ¿Cuál sería esa victoria?, ya lo veremos, por el momento conozcamos esa profecía:

> *Yo sé que los hijos de los aztecas, hoy aplastados, vivirán. Y más allá del tiempo de sus sufridos errores, surgirán y tomarán su lugar, el* **lugar del esplendor**, *entre las naciones inmortales de la Tierra. Esto que les doy a conocer me ha sido revelado. Guarden estas palabras, oh Tula, repítanlas a menudo, hagan de ellas un grito del pueblo, una tradición sagrada; déjenlas deslizarse a través de las generaciones, una de las cuales entenderá al final el significado verdadero de las palabras* libertad y Dios, *ahora oscuras a mi entendimiento; y entonces, no hasta entonces, será el nuevo nacimiento y el nuevo rumbo.*

Por su parte, el calendario azteca señala estos tiempos a través de sus cinco códigos en ascenso:

> *La casa del águila.*
> *Tonatiuh, el niño resplandeciente.*
> *El Quinto sol, que es el sol de nuestro tiempo.*

El águila que asciende.
El retorno a la Luz.

A propósito, se ha visto en diversas informaciones con respecto a los mayas que se muestra el calendario azteca en lugar del calendario maya correspondiente. En esta ocasión muestro el calendario azteca para que no se confunda. Aunque se supone que este calendario sería posterior al maya, tiene su propio origen y destino como es el contener nada menos que un calendario venusino, además de otras coincidencias que veremos más adelante.

Figura 1. Imagen del calendario azteca.

Son muchas las profecías americanas que se refieren a estos tiempos actuales como el advenimiento del nuevo sol, el Quinto Pachacuti, el Quinto Sol, la quinta rueda, etc. Aparte de los significados temporales formales que pudieran indicar, si asociamos esas cuentas numéricas con los 500 años desde que Colón llegara a América, sería una coincidencia interesante, sobre todo tomando en cuenta los procesos que estamos viviendo. Veremos más adelante cómo estas profecías están señalando un gran Plan que se estaría desarrollando en este continente, donde todas las razas del planeta tienen un rol… pero se juega en América.

De acuerdo con las profecías andinas, los incas mencionan el Ciclo del Pachacuti o los 500 *años de purificación*, donde se espera que el Inca Rey de Paititi regrese al mundo de la superficie proveniente del Uku Pacha, o mundo intraterreno, para restituir la cabeza que fue cercenada en la conquista, en el retorno de la luz y el arribo del tiempo nuevo.

Vamos ahora al sur de América. En palabras textuales, el erudito mapuche Aukanaw dice al respecto:

> *Cuentan los sabios veteranos que antes del diluvio mapuche hubo otras humanidades a las que Marepuantú, el Divino Maestro, transmitió el Conocimiento Espiritual. Cuando acaeció la catástrofe cósmica, algunos depositarios de esa tradición preservaron ese conocimiento, ellos son conocidos como Renú. Este grupo formó un colegio espiritual compuesto por 12 miembros. De acuerdo a cronistas hispanos, este colegio tiene su sede en la* Ciudad Dormida *o más conocida como* Ciudad de los Césares *(una ciudad invisible ubicada en los andes patagónicos, presidida por el mismo Marepuantú). Los cronistas señalan que, según la tradición, en el fin de los tiempos ellos saldrán nuevamente a esparcir la semilla de la sabiduría espiritual y poner el mundo en orden.*

Termina el texto señalando que la sabiduría de los Antiguos es la única llave que abre la puerta de esta gran jaula que es el Cosmos hacia la verdadera Libertad. Todo apunta a este tiempo y a eventos luminosos cuya responsabilidad ancestral y actual parece estar en nosotros. *Solo al fin del mundo la ciudad se hará visible*. Paititi y la Ciudad de los Césares son ciudades conocidas como etéricas por las tradiciones iniciáticas y algunos místicos. Exploradores como P. H. Fawcett, en el siglo pasado, y otros, en este tiempo, han tratado de encontrarlas con resultados poco claros, aunque asombrosos.

Figura 2. Mapa de la Ciudad de los Césares.

Figura 3. Mapa de Paititi o El Dorado.

Por su parte, los queros, descendientes directos de los incas, quienes se refugiaron a gran altura en las montañas escapando de los conquistadores, permanecieron durante 500 años custodiando una profecía sagrada sobre el nuevo Pachacuti (gran cambio de era) para darla a conocer en este tiempo.

La profecía señala que llegó el tiempo del gran encuentro, el Mastay, donde se integrarán los pueblos provenientes de los cuatro puntos cardinales bajo la guía del amor y la compasión como fuerzas para rehacerse a sí mismos. Será el momento del cumplimiento de la profecía, en que el águila del norte y el cóndor del sur vuelen juntos otra vez. Su predicción anuncia que Norteamérica dará la fortaleza física, Europa entregará el aspecto mental y Suramérica, el corazón. Podríamos agregar que todas las razas estarán comprendidas en esta gesta final, donde Oceanía tiene que ver con nuestras civilizaciones ancestrales, y debido al crisol español también confluyeron africanos y asiáticos.

Los chamanes queros hablan de un «desgarro» en el tejido del tiempo. Dicen que las puertas entre los mundos se están abriendo otra vez, se forman agujeros que podemos atravesar para explorar nuestras capacidades y recobrar nuestra naturaleza luminosa. Esa época dorada anunciará el tiempo de los *hijos de la Luz* que estarán completamente despiertos. *Sigue tus propias huellas. Aprende de los ríos, los árboles, las rocas. Honra a tus hermanos, honra a la Madre Tierra, honra al Gran Espíritu. Hónrate a ti mismo y a toda la Creación. Mira con los ojos de tu Alma y comprométete con lo esencial.*

¿Un Cristo andino?

Según estudios hechos en Bolivia por la Fundación Taipinquiri, pareciera ser que en la misma época en que Jesús instruía en el Oriente, en los Andes predicaba con similares objetivos Thunupa o Thunapa, considerado como el Cristo de los Andes. También se le conoció como el Señor de los Rayos, por su poder relacionado con el control de las tormentas. Existe un cerro con su nombre, cerca del salar de Uyuni. Hay vestigios en el arte rupestre de la zona que señalan signos de su paso por esos lugares de América del Sur. Fue perseguido por el inca gobernante y sufrió un destino parecido al de Jesús. Fue ordenado matarle y poner su cuerpo en una nave en el lago Titicaca, y lanzarlo hacia adentro. La tradición narra que la barca se fue rauda abriendo un gran surco en el lago que dio lugar al Desaguadero. El gigante de Tarapacá, un enorme geoglifo en la ruta de la ciudad de Iquique, en Chile, de acuerdo con estudios arqueológicos, podría ser una representación de este personaje enviado por Viracocha para enseñar y guiar a esos pueblos.

¿Qué misterios oculta América? ¿Ubicuidad de Jesús? ¿Dos Cristos al mismo tiempo? ¿Signos de los roles planetarios? ¿Errores de datación? Algunos comentarios señalan que podría indicar un plan donde en Oriente se abre el cielo, y en América se fecunda la tierra, un solo propósito, un solo Plan.

Figura 4. Medallón de Victoria (Imagen de Diario UNO, Argentina).

La figura 4 que mostramos corresponde a un antiquísimo medallón encontrado en la ciudad de Victoria, en Argentina, de procedencia aborigen. Se estima que corresponde a antes de la llegada de los españoles, pero aún no se han hecho los estudios oficiales; sin embargo, se estima una datación prácticamente incalculable. Cabe detenerse en esta figura por dos motivos. Primero, debido al rostro central que muestra dicho medallón, por lo demás ¡insólito!, que coincidiría con una presencia en América de un personaje de singulares características, distintas de las que tienen nuestros ancestros, ¿podría tratarse de Thunapa?

La palabra Thunapa puede tener relación con Adapa, que de acuerdo con las tablillas sumerias corresponde al hijo de Enki, un gobernante superior de los anunakis (los que vinieron de fuera), de quien habría recibido su genética convirtiéndose en mortal con linaje divino. Mencionado también como Aululim, el primero de los reyes antediluvianos conocidos, que gobernó entre los 453,600 y 388,800 años antes de Cristo... un total nada menos que de ¡¡¡28,800 años!!!... Calcula su edad. El mito de Adapa indica que él cortó las alas de Ninlil o viento del Sur... extraña historia considerando su relación con nuestro continente suramericano.

La otra razón para destacar este símbolo es su notable semejanza con el calendario azteca, recuerden que ahí se encuentra encriptada una de las profecías americanas señaladas en el capítulo anterior. Además, se suponía posterior al calendario maya en circunstancias que el hallazgo de esta otra imagen estaría indicando procedencias y coincidencias enigmáticas en relación con esas posibles dataciones anteriores.

Junto al privilegio de vivir en América, está nuestra responsabilidad de conocer más sobre nuestra identidad, externa e interna.

Las lenguas americanas: ¿un algoritmo informático?

Resulta alucinante considerar el hecho que la lengua aymara que se habla principalmente en Bolivia y el norte de Chile sea considerada por algunos especialistas en el tema como la más antigua del mundo. Pero hay más, el científico boliviano Iván Guzmán de Rojas, especializado en informática, demostró que, aparte de su antigüedad, correspondía a un invento creado intencionalmente y quizá con un propósito que aún no podemos comprender a cabalidad. Su sintaxis es artificial, estructurada y algo imprecisa, lo que la hace totalmente diferente de lo que se conoce como lengua sistémica estándar.

Según el investigador, esto significa que puede fácilmente transformarse en nada menos que un algoritmo informático para ser usado en la traducción de un idioma a otro. Este hecho podría quedar aislado y sin mayores consideraciones trascendentales dentro de la ortodoxia lingüística, si no correspondiera a tantos hitos descubiertos desde el siglo XX hasta ahora que empezaron a confirmar que en América existía un avance sobrecogedor en todos los ámbitos, al que no hemos dado mayor importancia, precisamente por no tener la capacidad ni las herramientas para ello, agregando la ignorancia soberbia de los colonos respecto de las culturas ancestrales.

¿Ciencia ancestral para predecir terremotos?

Ahora vamos a situarnos en México, donde entre otras magníficas construcciones ancestrales surge la ciudadela de Teotihuacán. Cuando Hernán Cortés llegó al imperio azteca para conquistarlo, al ver la grandiosidad de estas ruinas preguntó quiénes habrían construido tan colosales edificios. Los lugareños contestaron que ellos no fueron los autores, sino Quinanatzin, una raza de dioses gigantes que habían llegado del cielo en el tiempo del segundo sol. Desconocían su nombre y llamaron a este lugar Teotihuacán, cuyo significado en lengua náhuatl es *ciudad donde los hombres se convierten en dioses*.

Figura 5. Teotihuacán.

La *Calzada de los Muertos*, una larga avenida que recorre el lugar uniendo todas las construcciones como la pirámide del Sol, de la Luna y el templo de Quetzalcóatl, es considerada por astrónomos y matemáticos que han estudiado este lugar como Avenida Procesional, justamente por los descubrimientos que han hecho en esos campos de la ciencia y, entre otras cosas, en la disposición de las edificaciones, así como de esta avenida y su relación con las distancias orbitales de los planetas, realizadas en mediciones elípticas en las construcciones.

Pero hay algo más impactante. Según el matemático Schlemmer, calculó que si un temblor en una parte de nuestro planeta en rotación puede producir ondulaciones estables en una superficie líquida existente al otro lado del planeta, entonces los varios niveles amurallados de la Avenida Procesional pudieron haberse usado para formar una serie de espejos de agua escalonados. Estos prototipos habrían sido diseñados para leer en estas ondulaciones estables, que se formaban con objeto de dar con la localización y fuerza de los temblores alrededor del mundo, ¡y también les permitía predecir cuándo pudiera suceder lo mismo en su propio territorio!

El conocimiento de las características de la vibración resonante pudo haber permitido el uso de varios estanques como monitores sísmicos de gran alcance.

¡Tanto buscar cómo predecir terremotos y nuestros ancestros sabían de ello! Es tiempo de sacar esa ciencia a la luz... está en nuestra memoria genética, corresponde a nosotros encenderla y la fórmula, tú ya sabes, está de vuelta entre nosotros.

Sin embargo, vamos a profundizar en este importante tema debido a la contingencia actual con estos eventos y el rechazo de la ortodoxia de los expertos en sismología, para siquiera dar una oportunidad a nuevas posibilidades de predicción alternativas, que curiosamente están muy relacionadas con la sabia forma con que nuestros ancestros podían calcular los movimientos telúricos con antelación.

Teotihuacán y sus mediciones sísmicas

El matemático Schlemmer, en compañía del astrónomo Harleston, junto con descubrir en Teotihuacán una asociación numérica entre el comportamiento planetario del Sistema Solar y los movimientos telúricos en la Tierra, investiga más a fondo esto último y descubre lo siguiente. Luego de años estudiando la repetición de terremotos fuertes, manteniendo asociaciones de los lugares donde ocurren y su magnitud, estableció que tanto los terremotos como los tornados se repiten en una amplia banda alrededor del mundo.

Estos ciclos están asociados al efecto en la Tierra de los movimientos de los otros cuerpos celestes de nuestro Sistema Solar, efectos llamados torsionales, debido a una especie de torsión que ejercen estos astros sobre la Tierra cuando giran en sus ejes alrededor del sol. Despertada la curiosidad de Schlemmer, profundizó sus estudios y por medio de estos pudo extrapolar con exactitud las distancias orbitales correspondientes a los planetas.

Con ello obtiene el largo de la Calzada de los Muertos, que llamó Avenida Procesional, cuyo alcance total comprendía desde el pie de la Pirámide de la Luna hasta el área frente a la Ciudadela. Schlemmer y Harleston llegaron a la misma conclusión, se había subestimado la capacidad científica de los diseñadores de Teotihuacán y el alcance de su despliegue matemático.

Pero mayor fue el asombro cuando Schlemmer, observando una bandeja de aceite sobre un tractor, descubre el otro objetivo de la avenida procesional y logra establecer la relación de esta calzada con un gran monitor sísmico cuyos cálculos tenían que ver con enlaces vibratorios. Esa es la fórmula que permitiría anticipar con exactitud temblores en el lugar, así como advertir posibles terremotos en cualquier otra zona del planeta.

¿Entonces eran predecibles los terremotos en la antigüedad americana? ¿Será una señal del pasado para que, quienes como es el caso de algunos investigadores alternativos en Latinoamérica, que han propuesto un sistema bastante cercano a estos hallazgos, sigan creyendo en sus sueños de apoyarnos en la prevención frente a estas actividades sísmicas?

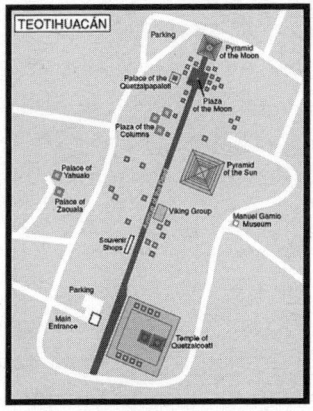

Figura 6. Calzada de los Muertos.

Para respaldar la teoría de Schlemmer y Harleston, es posible ver compuertas al extremo de cada una de las paredes de partición que existen a lo largo de dicha avenida. Pero no es todo, Harleston dice que las longitudes de los módulos pueden ser comparadas con las escalas musicales. Curiosamente, desde una cierta altura, esta Calzada de los Muertos puede ser apreciada como una enorme guitarra cuyas «cejas» fueran las paredes de los espejos de agua de Schlemmer. ¿Hay un concierto cósmico que las civilizaciones ancestrales americanas podían descifrar y acordar, incluso para predecir o equilibrar los movimientos telúricos en nuestro planeta?

Continuaremos profundizando en el tema, pero mientras tanto recordemos que más allá de los grandes avances tecnológicos o científicos, ancestrales o actuales, todas las respuestas y el poder están en nosotros, incluso el de modificar cualquier evento perjudicial para la humanidad… La fórmula del origen está y es momento de recuperarla.

Sabiduría mapuche y física cuántica

En nuestra herencia ancestral, la sabiduría mapuche (presente especialmente en Chile y Argentina), a la que le hemos dado tan poca importancia, no solo está vigente, sino que parece tener respuestas que incluso el hombre actual quisiera saber. Es impresionante la similitud de su tradición cosmogónica con este actual postulado de la física cuántica que podría llegar a probar la teoría del todo, que por décadas ha buscado la ciencia: *El Universo es un holograma compuesto de infinitas partes y cada parte contiene en sí el Universo entero.*

La cultura mapuche considera al Cosmos como un gran sistema, un conjunto de elementos relacionados entre sí que se hallan en función del todo. Estos elementos estarían vinculados por sutiles nexos, en consecuencia, cualquier alteración profunda en una parte del Cosmos, o en uno de sus elementos, afecta a todo el sistema, y cualquier alteración general del sistema cósmico repercute afectando a las partes y a las funciones que lo integran.

El Universo es como una gran telaraña, si se tira de uno de sus hilos se hace vibrar a toda la tela. Cada hilo no tiene razón de ser sino en función de la tela, y a su vez la destrucción de la tela comportaría la inutilidad funcional de sus hilos componentes. Para el mapuche, lo visible es manifestación de lo invisible, por tal razón le da mucha mayor importancia a lo invisible (la causa) que a lo visible (el efecto). De acuerdo con sus tradiciones, en ese mundo intangible actúan seres y fuerzas muy importantes, de los que depende el éxito o el fracaso de todas las actividades cotidianas. Esta cultura los conoce muy bien, así como su modo de operar. En otras palabras, la naturaleza visible es para el mapuche como un libro abierto. Todo lo que nos rodea está cargado de significado, todo es una señal.

Existen signos que les permiten pronosticar una lluvia a pesar de no guardar la menor relación aparente con ella, como es el acortar las arañas sus telas, silbar la perdiz de noche, etc. Del mismo modo existen signos que les permiten conocer los flujos de fuerzas, las mareas energéticas, las tormentas sutiles y las presencias de esos mundos invisibles en los que se halla inmerso el acontecer ordinario. Es a partir de este conocimiento que el mapuche regla su conducta.

Aprovecho para recordar a los pinealistas y a ti, que has seguido las entregas de los 40 días en la primera parte del libro, la importancia que tenemos a la hora de crear. Al tomar decisiones o reaccionar en nuestras acciones diarias, según la calidad del sentimiento con que las manifestemos, será la modificación que esta malla tendrá, y así serán los resultados que tendremos en nuestra vida y en el Universo.

¿Quién era realmente Cristóbal Colón?

Dentro de los misterios que oculta América, existiría un posible plan elaborado más allá del tiempo y de nuestro propio conocimiento, acerca de nuestro rol y del privilegio de habitar este continente. Es necesario profundizar. Tenemos algunos primeros datos sobre la inconsistencia histórica sobre quién habría sido realmente Cristóbal Colón y su verdadera intención de viajar al continente americano. ¿Tendría realmente una participación en un Plan Humanidad, como el hecho de que su nombre no es el que nos han enseñado, y cómo se relacionaría su venida con las profecías americanas ancestrales, sobre las cuales él ya estaría al tanto?

Algunos datos de los últimos estudios serios realizados nos dejan aún más sorprendidos y hasta desorientados sobre la identidad real de este enigmático navegante. Considerando su apellido oficial, la Asociación Cultural Cristóbal Colón en España, a través de uno de sus miembros, Gabriel Verdi, quien por más de 30 años de investigaciones, al igual que otros colegas, llegó a la conclusión de que no era genovés sino hijo natural del príncipe de Viana y de Margarita Colom, nacido en Mallorca en 1460, siendo entonces de sangre real, y guardándose esto como secreto de Estado mediante un gran pacto de silencio. El historiador gallego, Marcos Castro, afirma que el navegante era de Terra Dubra, un verde valle de una comarca cercana a Santiago de Compostela.

Figura 7. ¿Cristóbal Colón?

Por otra parte, el doctor en historia de la Universidad de Tel-Aviv, Abraham Haim, investigador de las raíces judías, está convencido de que Colón era descendiente de una familia semita residente en Cataluña. Para él y otros historiadores, sería un judío converso que habría salvado a muchos judíos sefarditas de la Inquisición española, misma que habría empezado su persecución justo el día en que zarpó del Puerto de Palos, y los habría llevado como parte de la tripulación. Entre otros comentarios se menciona que en América estarían las diez tribus perdidas de Israel.

Los catalanes afirman que el navegante habría sido hijo de la casa barcelonesa del príncipe Joan Cristofar Colom, mientras que la Casa de Aragón y Zaragoza asegura que pertenece al principado de esa zona. Todo esto sin contar con que se le atribuye su pertenencia a la Orden Iniciática de los Caballeros Templarios, hecho afirmado por sus propios miembros. En fin, ¿alguno de ellos tendría la razón?

Lo cierto es que el misterio tiene raíces más profundas que llevan a pensar que era en realidad un iniciado, cuyo reino no sería de este mundo, tal como lo señala su frase: *Ianua es mi pa-*

tria, considerando que en las traducciones de las tablillas sumerias *anu* sería un vocablo raíz que significa los de fuera, los que no son de esta tierra. Según Salvador de Madariaga, su propia firma en código triangular X *po Ferens*, significaría: *el que lleva la luz de Oriente a Occidente.*

Figura 8. Firma de Colón.

Por otra parte, Colón tendría en su poder varios mapas antiguos y tendría conocimiento de anteriores viajes realizados a través del tiempo por exploradores de distintos lugares y culturas. Se mencionan a vikingos, Marco Polo, templarios e incluso a los chinos.

¿Somos colonizadores de la Tierra?

Así como a Colón le correspondió por libre elección convertirse en un navegante involucrado, consciente o no de su importancia, en dar el vamos a un Plan Humanidad en lo que hoy es América, así también otros navegantes del pasado han dejado enigmáticas huellas de su paso en pos seguramente de un mismo proyecto. De acuerdo con el historiador hindú Valmiki, quien escribió los textos del *Ramayana*, serían los mayas, grandes navegantes (¿del cielo o de los océanos?), quienes entregaron la sabiduría que hoy detenta ese país de Oriente. En el capítulo uno, estos viajeros habrían instruido a Burma, Babilonia, Egipto y a los nagas, entre otros.

Este conocimiento sería el que posteriormente fue traído de regreso por grandes yoguis como Maharishi, Paramahansa Yogananda, Osho, lamas del Tíbet y otros iniciados orientales, a modo de preparar a este nuevo continente para el proceso de la salida espiral del tiempo. Cabe recordar que en ese período la energía estaba en el Himalaya, y hoy en los Andes, por un proceso de inclinación del eje de la Tierra ya mostrado en capítulo anterior. Por otra parte, la tradición andina narra que hace cerca de cinco millones de años un «huevo de oro» vino desde el cielo a posarse en la Isla del Sol, en el Titicaca. Navegantes estelares como Orejona o Epe, procedente de Venus, también conocida como Mama Ocllo, habrían enseñado su sabiduría, ciencia y espiritualidad en esta parte del mundo, así como también habrían dejado su descendencia. (No sería el único lugar donde Venus estaría presente.) Esto es lo que consta en documentos entregados al biólogo español García Beltrán por el inca Garcilaso de la Vega, del cual era descendiente directo.

En la tradición atacameña, y también en la aymara, están presentes las constelaciones vecinas a la Cruz del Sur. La conocen como la Yacana (tiene la forma de una llama), desde donde habrían llegado otros navegantes estelares a enseñarles y también a entregarles el animal conocido precisamente como llama o llamo, el uso de su lana y el teñido con elementos de la naturaleza.

Estos pueblos ancestrales, al contrario de nosotros, basan su conocimiento estelar reconociendo los eventos celestes a través de los huecos que dejan las estrellas. Así ocurre con la Yacana, constelación oscura que puede observarse claramente durante las noches sin luna.

Los mapuches, así como otros pueblos andinos, poseen como símbolo lítico la estrella de ocho puntas, que ha sido considerado como el símbolo de Venus. La bandera chilena, creada bajo el estudio de la logia masónica Lautarista, a la que perteneciera O'Higgins, corresponde matemáticamente a lo que hoy se conoce como la espiral de Fibonacci. Su diseño, que contiene en forma perfecta la espiral áurea, en su origen tuvo la estrella de ocho puntas, inspirada justamente en este símbolo mapuche. En forma posterior, esta fue modificada por la estrella de cinco puntas, que es también un símbolo potente y conforma nuestro actual emblema nacional.

Figura 9. Mapuche y símbolo de estrella de 8 puntas.

Estos son unos pocos ejemplos, seleccionados de la gran cantidad de tradiciones, mitos y hallazgos arqueológicos de nuestra historia ancestral americana, que mencionan el Cosmos y la Tierra como una aventura común.

La Chacana: *símbolo sagrado y de inmortalidad*

El 3 de mayo, el mundo andino celebra las festividades de la Cruz del Sur, esa constelación sagrada para los pueblos ancestrales del continente americano. Su relación misteriosa con esta civilización de la Tierra tiene muchas vías de estudio debido a los distintos ámbitos en que influye en nuestra tradición americana. Empiezo por contarte que en un lugar de Bolivia, cerca de Uyuni, existe una especie de construcción-escultura acostada, compuesta por cinco piedras perfectamente lisas y de medida perfecta (una central y cuatro formando una cruz cuadrada), en cuyos extremos están labrados cuatro huecos, especie de cuencos pulidos y cuidadosamente medidos. Se encuentra empotrada en la tierra mirando hacia el cielo.

Esto no es lo principal, sino el hecho de que en esa fecha la Cruz del Sur, cuya forma es irregular, refleja sus cuatro estrellas de manera perfectamente cuadrada en cada uno de estos cuencos que se han llenado de agua. ¿Cómo es posible que una forma irregular en el Cosmos pueda imprimir su imagen de manera absolutamente regular y perfecta en una construcción especial a campo abierto, que representa el mayor símbolo sagrado de las civilizaciones andinas llamado Chacana o Cruz Cuadrada? ¿Cálculos estelares en la antigüedad a través de esta fórmula?

Esto es solo el principio de la historia de la Chacana que, como veremos, juega un rol trascendental incluso para la explicación de la vida en esta forma de existencia limitada. Abriré con la siguiente gran explicación que dan los sabios ancestrales al referirse a la Chacana: *Este símbolo representa un instante de vida del infinito que somos...* señalando el delineado de los brazos de la cruz para indicar un cierre y luego mostrando el centro de la cruz como ese infinito del ser original eterno que somos. Como no se puede dibujar lo ilimitado, entonces no hay nada en ese centro, algunos le han hecho un hueco en ese lugar, justamente para definir aún más el concepto de *infinito*.

Figura 10. La Chacana.

Claramente han heredado una gran información respecto de nuestra real identidad y nuestra oportunidad de recuperarla... Y hay más, ¿qué tiene que ver la Constelación de la Yakana (la Llama) y su historia mágica del principio de los tiempos en este lado del mundo, en todo esto, y que no se relaciona precisamente con la Chacana de la Cruz Cuadrada?

La Cruz Cuadrada o Chacana es el punto de partida geométrico para el arte sagrado andino. Se puede ver en las guardas de sus tejidos y en su amplia simbología. La bandera arcoírica de los pueblos originarios conocida como Huipala se construye partiendo el diseño de su centro geométrico, cuyo principio es exactamente la Cruz Cuadrada. Curiosamente, en los velámenes de las naves de Colón existían dos tipos de emblemas, uno de ellos representaba la Cruz Templaria, que en una pequeña variación también es conocida como Cruz de Malta o también la Cruz de Saint Germain... y el otro emblema era justamente la Cruz Cuadrada o Chacana. ¡Una curiosa mezcla, cuyo significado encierra un gran plan!

La Yacana: un compromiso estelar

Por otra parte, tal como vimos en un anterior capítulo, la constelación de la Yacana, vecina a la Cruz del Sur, cuyo sonido es similar a Chacana, es solo perceptible en el cielo partiendo de los huecos que dejan las estrellas, contrariamente a la forma que tenemos de ver el firmamento estelar.

Esa era y es la manera que tienen nuestros ancestros americanos para observar el movimiento cósmico. Lo sorprendente es que una vez que se logran percibir esos huecos, efectivamente, es muy fácil descubrir esa llama gigante que protege bajo su vientre a otra llamita más chica. Tiene tras de sí a Yutú (la perdiz), delante a Atok (el zorro), y otras constelaciones menores. En Egipto, la presencia del zorro está asociada a Orión, y en la mitología de esa civilización se conocía a este animal como Atok, coincidiendo de manera asombrosa con la denominación andina.

Figura 11. Constelación oscura, la Yacana.

El zorro aparece en lugares arqueológicos, como en las pirámides de Egipto o las arenas del desierto de Atacama, para guiar a quienes tienen que descubrir algo importante y dar cuenta de ello. También anuncian finales o partidas y sucede cuando varios de ellos se acercan a los reductos humanos para *cantar*.

La tradición cuenta que antes de que estas llamas, o llamos como les dicen los lugareños, existieran en la tierra, seres venidos de la Yacana fueron quienes los trajeron y enseñaron a los habitantes de estos lugares a usar su lana y a teñirla naturalmente.

El compromiso era subir a la montaña cada 3 de mayo a dejar ahí la mitad de sus productos laníferos, como gratitud a quienes se los entregaron, y ellos irían a retirarlos. Si esto no se cumpliera, les sería quitada cierta protección y quedarían a merced de los eventos. Cumplieron durante mucho tiempo, pero pasados los años fueron olvidando el compromiso hasta que se perdió completamente esa costumbre. A partir de ese momento, aparecieron las sequías, ausencia de pasto y con ello las épocas de pérdidas de estos animales y sus productos. ¿Son las llamas animales provenientes de las estrellas? El 3 de mayo es por tanto la celebración de la Cruz del Sur, y los sabios andinos de la Hermandad Solar del antiguo Perú nos dicen: *Estén atentos a la Cruz del Sur en este tiempo*. ¡Todo es UNO!

Algo más... a la media noche, y sin que nadie lo sepa, la Yacana bebe toda el agua del mar porque de no hacerlo el mar inundaría al mundo entero... así cuenta la tradición.

Es el momento de comprender que somos creadores, que entre todos somos uno y tejemos la malla del Universo. Este tejido es modificado a cada sentimiento hecho pensamiento y acción... es el tiempo de encender la Conexión original y comenzar a actuar desde ahí, la frecuencia electrónica original, la frecuencia luz, la frecuencia del AMOR; el poder creador mayor del Universo que controla los campos moleculares (resultados) y solo manifiesta perfección.

¿Estamos en el tiempo del gran plan americano?

Todo está en orden en el Universo y al parecer se desarrolla de acuerdo con un gran plan en que, conscientes o no, hemos contribuido a su manifestación para estos tiempos. Hoy, físicos, astrónomos e investigadores en varios ámbitos de este quehacer nos revelan, junto a los mayas antiguos, el período fuera del tiempo de 26,000 años, nuestra gran oportunidad de asentar la victoria tan esperada por eones de un mundo más feliz, de más AMOR.

¿Sabías que los ancianos mayas de Guatemala estuvieron siempre muy en desacuerdo por la reinterpretación que se les dio a las profecías mayas, como el hecho de que en el año 2012 se acabaría el mundo?

Así lo afirmó el historiador y antropólogo guatemalteco Carlos Barrios luego de estudiar con los ancianos mayas durante 25 años, y quien hoy pertenece al Clan del Águila como sacerdote ceremonial y guía espiritual. Ellos conforman la tribu maya mam. Junto con otros clanes, son custodios de las tradiciones y guardianes del tiempo, verdaderas autoridades en sus 17 diferentes calendarios que abarcan más de diez millones de años.

El calendario que conocemos es el Tzolkin, el cual se basa en el ciclo de las Pléyades. Ellos identificaron un día especial donde se anunciaba un importante acontecimiento que tenía que ver con un ancestro que regresaría *viniendo como una mariposa*. Ese tiempo coincidió con el arribo de Hernán Cortés y sus galeones españoles a México. Los nativos lo esperaban. Cuando aparecieron en el mar dirigiéndose a la costa, vieron precisamente un número de mariposas que se acercaban, rozando la superficie del océano.

Ese período fue conocido como la era de los Nueve Bolontikús, o nueve infiernos de 52 años cada uno. Dato extraordinario al tomar en cuenta las profecías andinas, el coincidente número 5 (quinto sol) y los 500 años de aprendizaje entre colonos y aborígenes ancestrales, hasta llegar a este tiempo anunciado.

Si lo relacionamos con nuestro calendario (aunque hay desfase entre 4 y 7 años), el fin de esa era correspondería a los alrededores de 1998. Para estos sabios, este período es un tiempo de transformación que abarca el no tiempo entre ciclos de 26,000 años... y está sucediendo, tal como debería ser, la nueva conciencia del hombre y un mundo mejor en formación.

Eso sí, depende de nosotros el cómo se realice esta transición... comenzó hace ya un tiempo y aún es nuestra oportunidad. En resumen, las profecías americanas ancestrales coinciden perfectamente con los ciclos de 500 años de pruebas y momentos muy difíciles antes de llegar al tiempo del esplendor y la llegada de la luz y el nuevo hombre. Este es nuestro tiempo y la tarea es encendernos internamente en el potencial de luz original para cumplir victoriosamente con nuestro rol.

Pirámides y sonidos estelares en Brasil

Pirámides tan enormes como las de Egipto, o las de México, incluso más grandes aún, se encuentran ocultas en la zona amazónica de Brasil. Aquí va una historia que más parece un *thriller* que un descubrimiento extraordinario, que sienta bases en un pasado suramericano donde la ciencia, Cosmos y espíritu podrían dejarnos lecciones para llegar a construir lo que llamamos futuro en otra visión del planeta y de nosotros mismos.

La aventura empezó en Manaos, cuando el periodista y sociólogo Karl Brugger se encontró en 1971 con Tatunka Nara, de la tribu urgha mogulada, quien le informó que en la región existían tres ciudades aún habitadas por su gente: Akahim, Akakor y Akanis. En Akahim existiría un objeto enorme y muy antiguo que les fue entregado a los sacerdotes de la tribu por dioses venidos del cielo.

Según Tatunka, la tradición afirma que este objeto comenzaría a «cantar» cuando los dioses volvieran a la tierra. Posteriormente, en 1977, el investigador Von Däniken toma contacto con Tatunka, quien le señaló que el objeto ya estaba emitiendo un ruido semejante al zumbido de las abejas, lo que demostraría que el momento del arribo de los dioses antiguos estaba próximo. Tal vez sería bueno preguntarse si tienen que ver esos sonidos especiales con los que se están escuchando en diversas partes del globo... ¿tendrán relación con este «canto» anunciado por indios amazónicos?

Con objeto de traer elementos probatorios de esta información, el arqueólogo brasileño Brandao partió con esa misión, pero fue «accidentalmente» baleado y no pudo en esa ocasión terminar con su tarea, a dos días de llegar a la ciudad perdida. Sin embargo, alcanza a dar cuenta de sus hallazgos, que fueron precisamente las pirámides. Mostró esas estructuras piramidales que tendrían una altura de 150 metros.

En 1984, en Río de Janeiro, a plena luz de día, Brugger, el primer expedicionario que había hablado sobre este descubrimiento, recibe un disparo de un asaltante que no le robó nada y muere en forma instantánea. ¿Qué misterios o enigmas hay detrás de estos eventos? ¿Intereses de algún grupo? ¿Fraude o intención deliberada de ocultar este conocimiento al pueblo de la tierra? Estos descubrimientos fueron tratados en la 5ª Reunión Mundial de la Ancient Astronauts Society realizada en Chicago, Estados Unidos.

¡Para reflexionar sobre nuestro origen y sobre la importancia de vivir en este continente!

Historia en piedra del origen de la humanidad

El 15 de agosto de 2007, un fuerte terremoto en Ica, Perú, prácticamente terminó con uno de los descubrimientos tal vez más importantes de este cono sur de América, y que ha sido menospreciado por la ciencia ortodoxa, pese a la calidad del hallazgo. Se trata de las piedras de Ocucaje, encontradas en esa zona en la década de 1960, y coleccionadas por el doctor Cabrera en un museo de una vieja casona que se derrumbó completamente. El profesional, fallecido hace unos años, fue un valiente hombre de ciencia que contra viento y marea defendió esta verdadera historia de la humanidad, contada en miles de estas piedras talladas y que realmente muestran un asombroso pasado prediluviano.

Figura 12. Piedra de Ica (operación a corazón abierto).

En ellas pueden verse, entre otros diseños, el mapa del mundo como era en la época terciaria, donde la forma y disposición de los continentes era completamente diferente de la actual, mientras algunas zonas parecen coincidir con los desaparecidos continentes de Mu y Atlántida, y que solo podía observarse desde gran altura. Complejas intervenciones quirúrgicas y, lo más sorprendente, en estos gliptolitos está la información de una creación genética posiblemente realizada por colonos del espacio, llevada a cabo a partir de un primate-lémur extinguido hace 50 millones de años.

Una de las confirmaciones más certeras de la autenticidad de estas piedras es la presencia de algunos microorganismos hallados en las ranuras de los grabados, que tienen una antigüedad de millones de años. Los detractores difundieron la idea de que estos gliptolitos tallados habían sido realizados por lugareños. Pero dada la complejidad de los dibujos, así como la calidad e historial de sus escenas, esas opiniones resultan poco consistentes.

Estaríamos ante la posible biblioteca de alguna de las civilizaciones que habrían existido hace cincuenta millones de años, según el investigador francés del siglo pasado R. Charroux. Nuevos motivos para sentirnos herederos de un potencial histórico y genético extraordinario.

Levitación de la materia: práctica ancestral

Hace ya unas cinco décadas, los científicos Heisenberg, Shrödinger y Jordan hicieron sonar ciertos instrumentos musicales frente a una escalinata de granito hasta que la vibración del sonido la hizo estallar en mil fragmentos, evento que constituyó una gran revelación de la ciencia de nuestra época. Desde los remotos tiempos bíblicos se habla del milagro de las trompetas que derribaron los muros de Jericó y, así, hay muchos ejemplos de cómo la vibración del sonido en frecuencias especiales logra efectos sorprendentes en la materia. Sin embargo, veamos qué pasa con nuestra América en ese tema.

Según las investigaciones de expertos matemáticos y musicólogos, la Calzada de los Muertos, en Teotihuacán, además de lo ya informado antes, emerge como un instrumento gigantesco, una gran guitarra que podría haber prevenido las distintas vibraciones del planeta (predicción de terremotos), pero también habría controlado ondas que, aparte de estar relacionadas con las frecuencias de la Tierra, también tendrían que ver con las del Cosmos o de planetas o sistemas lejanos.

En Tiwanaku, Bolivia, existe una esfinge conocida como *El hombre puma solar*, adornada con cabezas de cóndor y símbolos mágico-religiosos. De acuerdo con el jesuita, Padre Cobo, quien en el período colonial conoció esta imagen monolítica de 18 metros de alto por 4 metros de diámetro, al recabar información sobre este monumento, los indígenas más ancianos le expresaron: *Nuestros ancestros nos dijeron que estas piedras fueron transportadas por los aires bajo el efecto sonoro de una trompeta que tocaba un solo hombre.*

Recientes investigaciones realizadas en Guayaquil, Ecuador, por el curador austríaco Klaus Dona, dieron con el descubrimiento de ciertos instrumentos, unas especies de flautas parecidas a las zampoñas (instrumento musical andino), pero de piedra.

Figura 13. Flauta de piedra encontrada en Guayaquil.

Lo impresionante de estos artefactos musicales precolombinos consiste en que su vibración es ¡¡exacta a la vibración de nuestras ondas cerebrales!! Además, sus agujeros son muy precisos e imposibles de hacerse en nuestro tiempo. Otra de esas flautas detenta la vibración del sonido ¡de los delfines!

En el antiguo libro de los *Anales de los Cakchiqueles*, pueblo maya-quiché de Guatemala, se narra la historia de los primeros habitantes de esa zona americana. En una parte de su relato dicen provenir de los cuatro lados y del cielo. En un momento deben atravesar grandes porciones de agua para llegar a Tulán, su lugar señalado. Pidieron la *vara roja*, golpearon con ella en la orilla, y de inmediato las aguas se retiraron, dejando libre un camino en medio, y así fue como pasaron al otro lado. ¿Te recuerda la apertura del Mar Rojo, que se narra de manera parecida en la Biblia? Pero Jesús caminó en el agua… ¿o simplemente es otro mito? Todo está en nosotros, es tiempo de descubrir nuestra América Interna.

Nuestro Continente es imprevisible y nosotros también. Nuestro futuro depende de quienes habitamos América... y más allá del instrumento, ¡¡¡¡somos el instrumento mismo!!!!

Máquinas supersónicas en Colombia y otros lugares de América

Nos trasladaremos al Museo del Oro de Colombia para referirnos a un singular ornamento precolombino, el cual interpretan los arqueólogos como representaciones de peces, mariposas o pájaros. Sin embargo, se trataría de una especie de avión a escala estudiado por expertos en aerodinámica, como J.A. Ullrich, Ivan Sanderson y Arthur Poyslee, entre otros. Ellos dicen que serían auténticos modelos de aeroplanos a pequeña escala con todas sus características técnicas.

Lo más asombroso es que sus estudios apuntan a que, entre sus especificaciones, poseen alas especialmente diseñadas por su curvatura para prevenir las vibraciones existentes al superar la barrera del sonido, teniendo una capacidad de vuelo supersónica; y no solo eso, podrían también operar debajo del agua sin que les fueran arrancadas las alas.

Figura 14-A. Museo del Oro, Bogotá.

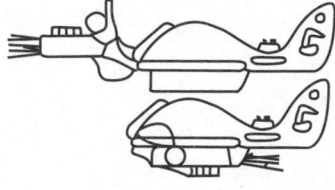
Figura 14-B. Esbozo de estudio aeronáutico.

Si recuerdas lo expresado en capítulos anteriores, los mayas habrían sido quienes llevaron la sabiduría y espiritualidad que hoy tiene la India, y de la que nos hemos nutrido nosotros los occidentales. En los libros sagrados de ese país aparecen las Vimanas, como naves voladoras de los dioses. Por su parte, el *astronauta* de Palenque, así llamada la representación inscrita en la losa que cubre la tumba de Pakal Votán, en México, de acuerdo con astronautas que visitaron el lugar, corresponde exactamente a la posición del piloto y la estructura de una nave espacial.

Figura 15. Losa de Pakal Votán (astronauta de Palenque).

De manera asombrosa, aquello que conduciría esta máquina voladora sería nada menos que la propia mente del viajero, tal como se aprecia por ciertos conductos que vinculan su cabeza con el aparato mismo. ¡Conocía la fórmula! La misma que hoy está de regreso a nosotros. Más adelante veremos cómo esta clave estaba presente en las civilizaciones madres, como es el caso de la civilización extinguida de Mu.

América aparece nuevamente como pilar fundamental del devenir de la humanidad. Según las leyendas de los pueblos indígenas del norte de América, así como de la Isla de Pascua y otros enclaves americanos, los Pájaros Tronantes eran capaces de transportar pueblos enteros y trasladarse de un punto a otro en segundos. ¿Quiénes eran estos seres que navegaban cielos y mares con tales adelantos? ¿Colonizadores de la Tierra? ¿Atlantes? ¿Murianos? ¿Nosotros, los mismos? ¿O nuestros ancestros?

A estas alturas, es primordial tomar conciencia de esta información para así recordar, revivir, nuestras memorias y estar cada vez más seguros de nuestro propio potencial genético, herencia de nuestros antepasados ancestrales y que hoy trae una novedad: ya no necesitaremos elementos externos para generar toda esta gesta fantástica, pues si encendemos nuestro equipo electrónico, recuperando nuestro potencial original, habremos dado un vuelco gigantesco al poder de creación que nos es inherente.

Experiencias genéticas, ¿o creaciones de envases para seres-energía?

Siguiendo con las sorpresas colombianas que demuestran que existió un tiempo en América donde los acontecimientos superan todo lo imaginable, he aquí un nuevo descubrimiento. El profesor Jaime Gutiérrez fue testigo de un hallazgo increíble en ese país, un disco genético de piedra que estudió profundamente, revelando varias cosas interesantes.

Por ejemplo, el recorrido de un proceso de creación genética desde el óvulo sin espermio, hasta el óvulo con espermio, pasando por la manifestación a través de una serie de códigos y fórmulas, de una manera parecida a un pez, hasta llegar a la manifestación de un ser similar al humano, aunque con características morfológicas algo distintas. Lo extraordinario es que lo observado en este disco solo puede verse hoy nada menos que por medio de un microscopio.

Esta especie de rueda de 27 centímetros, grabada por ambos lados, fue hecha en un material llamado lidita, que es una piedra muy dura y laminada y no muy abundante en nuestro mundo. En el lado opuesto hay muchas representaciones de niños, hombres y mujeres. Al final de la rueda, en su parte baja, se ve a un hombre y una mujer, mientras que en la cima se ven al final un hombre, una mujer y un niño cuyas cabezas no representan las de un ser humano.

Figura 16. Disco genético en piedra (Klaus Dona).

Si recordamos lo que dicen los mayas acerca de su dios Kukulkán (Quetzalcóatl), veremos que mencionaban que provenía de un país extranjero del sol naciente (esta definición está relacionada con el planeta Venus). Era fuerte, muy alto y barbado, vestía túnica blanca. Vivió entre ellos más de 50 años y era creador de criaturas humanas. Enseñó ciencias, artes y dictaba leyes sabias. Bajo su mando crecían muy altos los maizales.

Es bueno notar que hay investigaciones serias que confirmarían que el maíz habría sido un resultado de un cruce genético. Con el mestizaje iniciado hace más de 500 años, hemos heredado esa memoria genética que combina y produce un crisol de razas que debe esplender en un conglomerado: la raza del AMOR.

Calaveras de cristal, una obra maestra imposible

El misterio de las calaveras de cristal encontradas en América sigue intrigando a la ciencia por las características de su confección, y hay extrañas teorías que sustentan su ejecución como realizada, supuestamente, por una civilización que contaba con adelantos que incluso hoy no poseemos. La más famosa de ellas es la encontrada en las ruinas mayas de Lubaantún, en Belice, por el explorador británico Mitchell-Hedges, la cual fue analizada por los laboratorios Hewlett-Packard. Su estudio determinó que esta pieza fue tallada en contra del eje natural del cristal, trabajo hoy imposible de llevar a cabo, incluso usando tecnología láser, debido a que esto provocaría la rotura inmediata de la pieza de cuarzo.

Según estos laboratorios, el proceso de construcción de esta obra, si hubiera sido hecha por el hombre actual, tendría que haber durado entre 150 y 300 años, trabajándola todos los días. Después de muchos estudios y cuando se encontraba ya en el Museo Británico, junto a otra calavera también encontrada en México, se afirmó que la procedencia de ese cristal sería brasileño. Su permanencia en dicho museo ha dado lugar a numerosos y extraños sucesos, como el desplazamiento de objetos o repentinas invasiones de perfume, así como otras propiedades que hicieron que fueran cubiertas por un pesado paño durante las horas nocturnas.

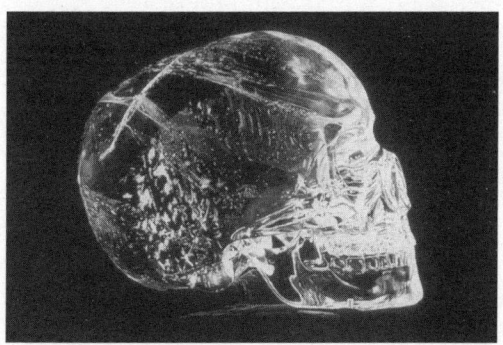

Figura 17. Cráneo de cristal (Mitchell-Hedges).

Estas calaveras, especialmente la de Lubaantún, tienen la particularidad de que al penetrar un haz de luz por las cuencas de los ojos, este rayo se unifica y hacia su interior se divide en vías convergentes que calzan con la parte posterior del cerebro, frente a la glándula pineal y cuerpo pituitario. Se piensa que producía un incremento lumínico que permitía activar estos circuitos, haciendo el rol de un transmisor o intercomunicador entre distintos universos mediante ese centro electrónico pineal-pituitario.

Una vez más, vemos cómo parecía haber un uso particular externo para provocar estimulaciones de *chips* específicos existentes en el equipo electrónico natural del ser-energía, y que hoy es posible activar sin recurrir a esas ayudas. También hay una leyenda que menciona la existencia de 13 calaveras (hasta el momento se han descubierto 9 ya confirmadas, y hay otras que podrían ser auténticas o no). De acuerdo con una tradición maya, cuando estén todas alineadas transmitirían al hombre todo su conocimiento, siempre y cuando el hombre haya alcanzado integridad moral, y que esto ocurriría en este tiempo. Entonces se verían cosas maravillosas y quienes lograran ese estado podrían parar el mundo o adelantar la noche.

Científicos especializados en cristalografía de Hewlett-Packard, luego de medio año de pruebas, llegaron a las siguientes conclusiones: estas piezas están fabricadas en cuarzo natural extremadamente puro *piezoeléctrico*. No existe ninguna huella de uso de algún instrumento ni rastro microscópico. No hay señal de fabricación, y es imposible su datación, pues el cristal no envejece. Utilizando una tecnología moderna con diamante, haría falta un año de trabajo solo para conseguir el aspecto exterior, y dejaría huellas de ejecución... ¡lo que la calavera no tiene!

Aparte de que la fabricación manual podría tardar hasta 300 años de labor continua, tiene propiedades ópticas interesantes. Si se alumbra por debajo esta calavera, la luz se expande por las cuencas; al llegarle la luz del sol, un haz intenso tipo láser (capaz de encender fuego), sale simultáneamente por las cuencas, la nariz y la boca. La conclusión final es más sorprendente: no se ha logrado ninguna respuesta a las preguntas que surgen de estas calaveras de cristal ni de su leyenda.

Cráneos alargados: ¿señal de ancestros alienígenas?

Aquello aún más extraordinario es la existencia de otro cráneo de cristal, pero alargado, que de acuerdo con algunas teorías seres gobernantes de la antigüedad o los llamados dioses o colonizadores de la Tierra habrían tenido esa morfología craneana. De hecho, se han descubierto ese tipo de cráneos gigantes en el área de Ica, Perú (recuerda las piedras de Ica).

También en Perú, en las momias chinchorro se han descubierto estas características, además de deformaciones deliberadas como intención de imitar esas cabezas alargadas, cuyo tamaño supera ampliamente el de un cráneo corriente. También se les ha encontrado en ruinas mayas de Centroamérica.

Figura 18. Cráneos alargados.

Algunas teorías apuntan a que los faraones egipcios tendrían sus cráneos alargados escondidos bajo sus coronas adornadas. En todo caso, pareciera ser una prerrogativa de solo algunos seres privilegiados asociados a la nobleza o cargos gubernamentales. La deformación craneal podría tener íntima relación con el poder del centro pineal. ¿Quiénes fueron realmente nuestros antepasados? ¿Y qué tenía que ver la pineal con todo esto? Más adelante volveremos a revisar esta última interrogante.

Cristales: ciencia exotecnológica

La ciencia actual está utilizando las propiedades del cristal para los adelantos tecnológicos más importantes de la actualidad, como son computadores, telecomunicaciones, industria electrónica, etc. Tales adelantos vertiginosos que ha tenido nuestra civilización en los últimos tiempos, sobre todo en estos campos, es atribuible a la creencia de que habría un aporte tecnológico externo a nuestro planeta. Al menos así lo afirman algunos investigadores, como también quienes se dedican a la ciencia exobiológica. Los mayas actuales, herederos de la información ancestral, conocen las características del cristal como un antiguo canal de radio, un aparato para comunicar entre mundos, pasar a otras dimensiones, así como comunicar con los espíritus de los ancestros.

El investigador Frank Dorland ha descubierto que tanto el cristal de cuarzo como el ser humano constantemente emiten señales electromagnéticas y en un largo de onda desconocida. De acuerdo con la información del Método Cyclopea, somos emisores y receptores electromagnéticos. Cada vez que creamos, que manifestamos e interactuamos influimos en la malla, en el tejido que compone el Universo, especialmente el que rodea nuestro planeta modificándolo, dependiendo de la calidad del sentimiento con que interactuamos, tal como lo expresé en capítulo anterior. ¡Interesante, ¿verdad?!

Las maravillas y el misterio que encierran los cráneos de cristal encontrados en América, además de los cráneos alargados, forman parte de esta increíble herencia que nos corresponde conocer y guardar como grandes lecciones misteriosas aún no reveladas, pero hoy también tenemos algo extraordinario que tal vez haga la diferencia entre el asombro y la certeza. Estamos en el tiempo.

Sucede cuando nos damos cuenta de quiénes somos, cuál es nuestro origen de perfección, el equipo electrónico del cual estamos constituidos, los circuitos de conexión y sus encendidos de acuerdo con grandes leyes que lo controlan y, lo más importante, reconocernos como creadores hechos a imagen y semejanza del arquetipo UNO (o como lo llamen en sus distintos nombres, incluso el de perfección).

Cuando nos descubramos a nosotros mismos, ya no necesitaremos de elementos externos para alcanzar la perfección buscada. Habremos dado con la fórmula: *Conocerse a sí mismo*, y a partir de ahí, recuperar la verdad de la libertad. Si un trozo de cristal es recortado en aristas, paralelo a su *axa* electrónica, y es sometido a una corriente alterna, el cristal se pone a vibrar y según sus dimensiones vibra más fuerte en relación con su propia frecuencia natural. En esa mayor frecuencia su vibración refuerza el voltaje de la corriente alterna. En resumen, el cristal tiene la facultad extraordinaria de controlar la energía eléctrica y oscilar sobre una frecuencia constante y precisa. ¡Puede cambiar a corriente continua que va siempre hacia arriba y hacia más luz! Es la corriente de la naturaleza, de la vida y la nuestra original.

Si se recorta una copa en su base, esta genera un vínculo de frecuencia con el campo superior de existencia y permite que en ella se vierta el poder de la Luz.

Figura 19. Copa de cristal recortado.

De acuerdo con investigaciones alternativas acerca de las calaveras de cristal y la posibilidad de que este material genere portales interuniversos, Mitchell-Hedges habría descubierto la famosa calavera de cristal al desaparecer junto a otro personaje de manera súbita, y habría reaparecido trayendo ese hallazgo... ¿mito, realidad? La historia oficial relata que la encontró su hija en una visita arqueológica realizada a excavaciones mayas.

El tesoro oculto, una herencia disponible

Recientes descubrimientos realizados por Klaus Dona en Ecuador, muestran la existencia de unas piezas precolombinas cuya antigüedad es muy difícil de datar. Una de ellas representa la tan famosa figura de la pirámide con el triángulo luminoso con el ojo al centro que para los pinealistas les resulta tan conocido.

Reproduce el encendido triangular de la red electrónica pineal-pituitaria que corresponde al equipo electrónico del ser-energía que somos, y que al encenderse genera el umbral de acceso o apertura a campos de creación superior u original del arquetipo UNO, representado por el ojo central único.

Figura 20. Piedra triangular, cuyo ojo brilla en colores en la oscuridad, bajo estimulación (Klaus Dona).

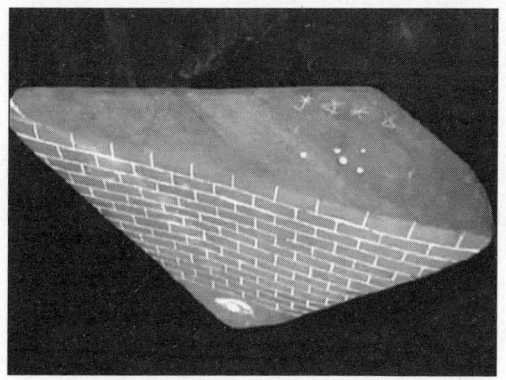

Figura 21. Base de la piedra pirámide.

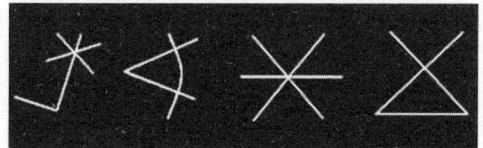

Figura 22. Inscripción presánscrita.

Pues bien, en la base de esa figura existen unos signos descifrados por estudiosos en lenguas antiguas, en este caso se trataría de una lengua presánscrita, y significan: *El hijo del Creador se manifiesta*. El símbolo del triángulo luminoso con un ojo al centro está presente en todas las culturas ancestrales del mundo y no es prerrogativa de grupos específicos como se ha tratado de dar a entender en algunos ambientes de investigación. Tras su diseño está la explicación de un circuito electrónico de encendido que existe dentro del ser, en su arquetipo original.

Una gran clave que permite al hombre la recuperación de su gran herencia creadora en perfección. De ahí que podamos entender esa frase encriptada en el hallazgo de Klaus Dona, quienes ya conocemos el significado en la experiencia de la activación interna del centro pineal y de la red electrónica pineal-pituitaria. Estaríamos ante el descubrimiento de un tesoro que se certificaría como la recuperación del modelo divino. La activación del *chip* pineal, centro de creación superior. ¿Sería este símbolo un recordatorio, un indicativo del eslabón perdido genético que nos hermane con la gran creación del Universo? Si es así, entonces hemos dado en el clavo y estaríamos a las puertas de cumplir exitosamente con ese gran Plan ancestral diseñado en los albores de los tiempos, y que debe expresarse hoy a través de quienes habitan el continente americano. Y para profundizar un poco más, podríamos agregar los 13 grados de la pirámide que podrían estar indicando la frecuencia 13 que vimos en la primera parte de este libro como una sintonía a un campo vibratorio mayor fuera de este campo limitado que habitamos.

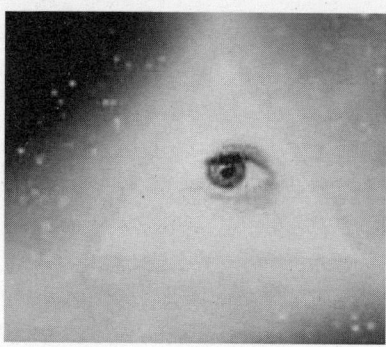

Figura 23. Triangulación electrónica pineal-pituitaria.

Esta piedra-símbolo también posee en su base unas incrustaciones que brillan en la sombra y, según los investigadores, corresponde exactamente a la constelación de Orión.

El motivo principal del porqué algunos habitantes precolombinos practicaban el alargamiento de cráneos era para imitar las cabezas de aquellos seres que ellos consideraban superiores, pues tenían la información de que esa conformación craneal permitía justamente la activación de la pineal. Totalmente cierto o simples deducciones, pero resulta impactante en sus posibles conclusiones y coincidencias con muchas otras informaciones relacionadas con el tema y que no caben en este libro, pero sí están en las experiencias de activación de la fórmula que algunos lectores ya conocen.

Un mensaje revelador y el posible rol de Colón

AMÉRICA tiene destino de luz, ha sido creada desde el principio y hoy debe manifestarse a través de la creación de sus habitantes. Cuando Jesús anunció su sagrado oficio (sacrificio) a sus discípulos, ellos le preguntaron: *¿Te volveremos a ver, Maestro?* Y Él respondió: *Cuando vean a un hombre con un cántaro de agua, síganlo hasta que entre en su casa* (Lucas

22/10). No solo fue el gran Maestro que conocemos, fue un Ciencia-Espíritu atemporal, un poseedor del conocimiento de la gran astrología. El anuncio era claro. Su gente eran pescadores en su mayoría, y les hablaba del aguador. La era de Piscis que lo representa y la llegada de la era de Acuario, cuando este signo entrara en su casa, es decir: la Nueva Era del Acuarius, del Aguador.

Este paso se inició en 1948, y entre los sucesos de ese tránsito aparece el nuevo ciclo, cuando las culturas autóctonas serán reveladas en su sabiduría y mediante el mestizaje se hará vida, especialmente en el continente americano, donde se manifiesta el crisol de razas y con ello se activa la memoria genética que hará del Hombre su propia revelación en el Cristo (cristal, y sus propiedades de luz... revisar los dos capítulos anteriores donde se trata el tema, para aclarar este punto).

Cristophoros Columbus: la paloma que porta el Cristo. *X po Ferens*: el que lleva la Luz. Cuando se revelan antecedentes hasta este momento ocultos en la gesta histórica americana, como es el posible rol de Colón, cuyo nombre, así como su firma dan un vuelco a su misión, entonces algo está pasando en América... y es en este tiempo cuando se resuelve.

El mestizaje producido luego de la llegada de los españoles a este continente ha hecho converger en nuestro almacén de memoria del código ADN una información completa que escapa a nuestra comprensión. Estaríamos constituyendo en América un conglomerado de todas las razas, cuyos antecedentes de toda índole estarían disponibles a nuestra activación. Esto traería a quienes aquí habitamos la responsabilidad de acceder a esas memorias que completarían nuestra información generando un vínculo con nuestros orígenes.

Por otra parte, sabemos que solo un diez por ciento de nuestro ADN guarda las experiencias vividas en este campo limitado, y a partir de ellas actuamos y creamos en esta forma de vida, pero hay un noventa por ciento de estos códigos que no es accesible a este campo de frecuencias, pero sí es descifrable si se alcanza la vibración donde reside esa información. Esa memoria, por antecedentes de estudios en laboratorios rusos, es activable en campos superiores, como sería el de la luz, o campo electrónico. En ese almacén estaría guardada la experiencia original de perfección. Recuerda, ¡nadie busca lo que no conoce!... y aquí, en este mundo transitorio, buscamos perfección aunque sabemos que no existe.

El acceso a esta memoria completa permitirá una mayor comprensión de nosotros mismos y nuestra procedencia, y así ayudará a lograr que estemos más aptos para recuperar las instancias creadoras originales de manifestación de esa perfección, que no es otra cosa que las experiencias vividas en la frecuencia más alta del Universo llamada AMOR. Si eso se logra, podríamos ser la punta de lanza para que toda la humanidad tuviera acceso a ese mismo potencial. Por alguna razón, pese a la cantidad de antecedentes revelados, aún nos resulta difícil comprender por qué este rol inicial corresponde a este continente. Sin embargo, lo esencial es que no hay tareas más importantes que otras, pero sí responsabilidades mayores como parece ser la nuestra, como iniciadores de un nuevo ciclo donde toda la humanidad participará una vez que nosotros demos el primer paso.

El resto de la historia la creamos nosotros, y confiemos en que sea victoria; dependerá de cómo hagamos emerger la luz del Amor desde dentro de nosotros en su máximo potencial (la fórmula ya existe, y muchos ya la conocen). Existen en este continente hermandades elevadas antiquísimas de grandes seres, y viven atemporalmente en las altas cumbres de las cordilleras, en desiertos y valles alejados y escondidos. Ellos saben y guían. Es el tiempo del retorno, la creación de la nueva casa, herencia divina de nuestros orígenes de perfección… ¡Vamos a crear AMÉRICA! Para irradiar y llevar a todas partes el poder de la sabiduría y el AMOR.

Mu: ¿cuna de nuestra civilización?

Las grandes civilizaciones ancestrales de América poseían un conocimiento que aunque pareciera de grandes adelantos científicos asombrosos, aun en este tiempo difíciles de entender y menos de emular, pese al avance tecnológico actual, guardaba una clave esencial para el éxito de sus proezas, que más adelante sentaría las bases de influencia en el surgimiento de las religiones (religión= *re ligare*: volver a unir) en el mundo a través de los herederos y remanentes de la gran civilización desaparecida de Mu.

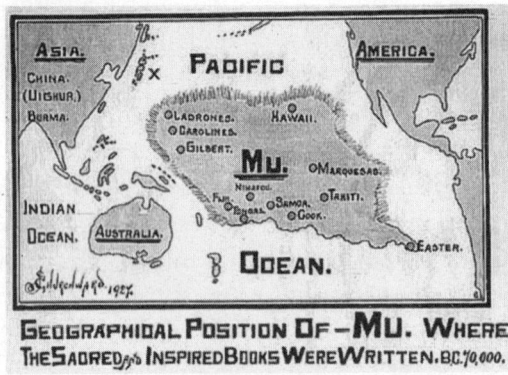

Figura 24. Mapa de localización de Mu (J. Churchward).

Su secreto consistía en que para obrar el milagro, primero el ser debía haber caminado el sendero interno de realización y estar en la vibración adecuada para que su propio estado de conciencia superior realizara la manifestación apropiada, como por ejemplo, usar la energía lumínica para la levitación, o conducir naves estelares con el poder del sentimiento controlando la mente, a través de la activación del programa original que permitía el uso correcto del *chip* pineal.

Ya es casi un hecho la confirmación de que esta cultura habría existido en lo que hoy es la cuenca del Pacífico entre América y Australia, en lo que se conoce hoy como el cinturón de fuego del Pacífico. Se habría hundido en un lento proceso que habría durado bastante tiempo, y quienes emigraron hacia otras áreas del planeta llevaban guardados esos conocimientos y los difundieron hasta lugares lejanos, como sería el caso de los mayas y la entrega de su sabiduría a la India, y otros sitios, tema al que me referiré con más profundidad en próximos capítulos.

Sería bueno saber que estamos hablando de los antiguos mayas, más allá de todo lo conocido hoy acerca de esa civilización, quienes a su vez serían justamente remanentes de los anteriores herederos murianos; estamos hablando de más de 70 millones de años antes.

La manipulación genética: ¿nada nuevo bajo el sol?

¡Todo es UNO!... y los científicos de la antigüedad americana lo sabían a través de su información. El surgimiento reciente de la manipulación genética (de solo un diez por ciento de su total) que entre otras cosas permite, mediante aislación de células madres, mejorar la calidad de vida actual, no es para vanagloriarse ni para quejarse en períodos cuya datación es difícil de señalar por nuestras fórmulas de medición; descubrimientos mesoamericanos, casi insólitos, dejan reflexionando a todos.

El Códice París (hermano del Códice de Dresde, que es más conocido porque narra las profecías mayas) muestra unos dibujos cuyo contenido es expresado como un cordón umbilical que sale del dios del maíz y realiza acciones con aves y otros animales. ¿Manipulación genética? Ya se ha mencionado que el maíz (propio de América) es resultado de una manipulación genética en sí, y ahora esto, ¿un «dios maíz» que además actúa con las aves y animales en su alimentación... o en algo más?

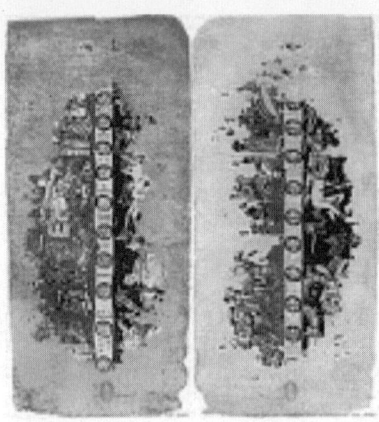

Figura 25. Imagen maya, genética del maíz (Códice París).

Entonces, ¿qué es esta vuelta atemporal en el campo científico? ¿Estaríamos repitiendo también la manipulación transgénica que tanto revuelo ha causado en la actualidad, tal como se hizo en el principio de los tiempos? Y lo que de inmediato surge es si, una vez más, ¿estarían los mismos negativos o positivos, o errados y acertados, interfiriendo la vida? ¿Y nosotros también seríamos los mismos?

Pero no es todo. En las leyendas aztecas y mayas las manipulaciones y control (positivo o negativo) en el sistema estelar de este mundo atómico hablan de algo muy impactante, donde se jugaron destinos cósmicos, tal vez con lo conocido hoy como genética energética. Ahí parece afirmarse la ecuación del UNO, aunque sea desde la parcialidad de la creación, o lo que se conoce como la segunda creación (la primera sería la divina), de la cual hablo en el libro *Surameris y el cofre de los secretos*.

Quetzalcóatl y una gran creación de planetas

El astrónomo Harleston y el matemático Schlemmer, estudiosos de la relación existente entre Teotihuacán y los procesos y ubicaciones estelares dentro del campo atómico (cómo vemos el Universo desde nuestra calidad vibratoria y punto de observación), proponen desde las mitologías azteca y maya una teoría impresionante. En esta, seres provenientes de otros mundos habrían operado en el espacio, al menos en nuestro Sistema Solar, un movimiento controlado y una verdadera mutación genética entre planetas.

Se trata de un planeta «desollado», gemelo de Marte llamado Quetzalcóatl o Sumer, que fue descascarado como si fuera una naranja por potencias extraterrestres, y luego esa superficie depositada sobre los océanos de Tierra, donde formaron los actuales continentes, dejando un núcleo (satélite) que ahora se llama Luna.

De acuerdo con esa idea, el compañero gemelo Xipe Xólotl, el dios rojo desollado del oriente, o Marte, se retiró a una nueva posición, distante 228 millones de kilómetros del sol, con su superficie llena de cráteres como muda evidencia del bombardeo celeste. Esto fue confirmado por el vehículo espacial *Ranger* en 1976. En esta intervención celeste, el anterior compañero de Tierra, Venus, un gemelo del mismo diámetro, se habría lanzado a 108 millones de kilómetros del sol.

La flecha que según el mito azteca había lanzado Venus, regresó a ese planeta como un campo gravitacional y, al rebotar hacia el sol, detuvo su rotación del oeste hacia el este e inició la rotación en dirección contraria. Desde entonces es un planeta «muerto» (llamado así por no poder contener vida como la nuestra, aunque es posible otra forma de existencia tal vez detectable).

Según esta leyenda, Tierra, el planeta de corazón de hierro, no era igual a Quetzalcóatl, de modo que solo tuvo una pequeña desviación orbital y una inclinación polar. Estas acciones habrían determinado resultados en nuestro mundo, en terremotos, cambios climáticos, tsunamis, etc. ¿Estos seres poderosos en tecnología cósmica y control de memorias (ADN genético) de este espacio estelar atómico habrían tenido realmente algo que ver?

Es para preguntarse: ¿nuevamente están interviniendo los mismos, o se trata de un proceso natural cuyas expectativas son una gran oportunidad de que seamos una humanidad de seres poderosos solamente con encender nuestro potencial original electrónico-luz para controlar y hacer frente en alta vibración a cualquier intervención de menor frecuencia que el potencial AMOR? Pues a practicar. Es un tema americano pendiente.

Figura 26. Dato curioso: astrónomos descubren nebulosa en forma de ADN en la Vía Láctea.

De cómo los mayas llevaron la sabiduría a la India

Recordemos que el historiador hindú Valmiki, en el texto del *Ramayana*, señaló que la sabiduría y espiritualidad de la India, de Babilonia, de Burma, de Egipto e incluso de los nagas fueron llevadas a esos lugares por los MAYAS, viajeros de cielo y tierra. Y de acuerdo con el investigador de principios del siglo XX, J. Churchward, los mayas serían, junto a otros pueblos ancestrales americanos, remanentes de MU, antiquísima civilización llamada «Madre Patria», sumergida en la cuenca oceánica donde se extiende el cinturón de fuego del Pacífico.

Su sabiduría contendría la fórmula del programa original del ser-energía que abriría el paso a los primeros registros de las religiones cuyo origen sería común. Estos registros tienen más de 70,000 años de antigüedad. Decían que en su génesis los fundamentos habrían estado a cargo de maestros capacitados de MU, llamados *naacals*.

Para la «Madre Patria», el llamado «milagro» como tal no existe, sino que lo que parece milagroso es debido a la ignorancia de su origen. Es un resultado producto de la práctica correcta de la propia fuerza espiritual que el ser da a su creación. Sus escrituras sagradas señalan que esta fuerza entregaba al hombre debidamente preparado en su interior la capacidad de recorrer la Tierra y controlar de manera adecuada las manifestaciones, tanto individuales como de la naturaleza. Pero, ¿cómo lo hacían? Esta clave ha estado desde siempre disponible en los grandes movimientos espirituales planetarios, y es una fórmula donde la ciencia y el espíritu nunca han estado separados, como es el caso actual.

Hay una relación perfecta que desencadena la acción cuando se intensifica el anclaje del potencial electrónico de la Fuente Generadora en el Corazón (centro cardíaco o *chip* central) por aceptación consciente del individuo. Esta conexión voluntaria enciende el programa del equipo electrónico, recuperando así la esencia original del hombre, y se une a una creación mental donde el sentimiento es el combustible que determina la calidad del resultado y su sintonía en la malla creadora del Universo.

Establece la diferencia de alcance entre eventos atómicos o físicos y los interdimensionales, interuniversos o interoctavas más allá del espacio-tiempo. Así, las naves lumínicas, elementos de transporte utilizados por estos seres ciencia-espíritu, se conducían mediante órdenes creativas emanadas de la propia intención del ser, luego de encender su equipo al potencial adecuado.

En tiempos pretéritos no era posible, como lo sería hoy, encender totalmente el equipo al potencial mayor desde la Fuente Generadora, por eso requería de apoyos externos como las máquinas voladoras que en India se conocían como vimanas, y en América con distintos nombres, generalmente relacionadas con aves o serpientes, equivalentes a naves voladoras. Hoy podría no ser necesario utilizar elementos externos, pues el hombre puede llegar al control de campos moleculares desde su propio equipo si a través de su encendido electrónico recupera su potencial más cerca del original, el poder creador mayor del Universo, llamado AMOR, que es justamente ese fluido electrónico emanado de la Fuente Generadora. Esta es la fórmula y hoy ha llegado para quedarse.

Teotihuacán: ¿cosmografía y vibración interestelar urbana?

Cuando Harleston había descubierto que el trazado de Teotihuacán tenía incorporadas claves no solo de órbitas planetarias y convulsiones telúricas, hizo otros hallazgos impresionantes que explicarían una relación única y total entre el hombre, la Tierra y los multiversos. ¿Una forma de comunicación? ¿Un resonador sideral para equilibrar todo lo existente en el planeta con la actividad cósmica? En la comparación que hizo relacionando la Avenida Procesional con una guitarra gigantesca, halló que las tres cuerdas que compondrían parte de esa estructura, aparte de ser un acelerador vibratorio, se sobreponen en una longitud de onda que relaciona distancias orbitales de los planetas del Sistema Solar.

Pero no es todo. Cuando las notas proporcionales correspondientes a escalones, paredes y edificios de esa ciudadela y sus pirámides se convirtieron en «acordes» y se escribieron en papel pautado, para sorpresa de Harleston, las cuatro primeras notas fueron exactamente los compases iniciales de la obra de R. Strauss *Así habló Zaratustra*. Curiosamente, esta forma armónica teotihuacana no está estructurada con las frecuencias del «clavicordio bien temperado» en las que se basa nuestra música, sino en una constante denominada *Sonido 13* por el compositor mexicano Julián Carrillo, quien elaboró una escala distinta de 12 intervalos, semejante a la descubierta por el investigador.

El científico dice que en la medida que se revelaban uno por uno los secretos de Teotihuacán, él empezó a sentir la fuerza de la visión del creador, aunque no todavía su propósito final.

En el nivel inferior de la vibración, tres secuencias mayores de armonía se fusionan con una nota común que simboliza la órbita de nuestro planeta: 96. En un rango intermedio del espectro visible, seis colores equilibrados de luz señalan hacia las vibraciones invisibles más allá del alcance de nuestras capacidades ópticas.

Y más allá de estos, se escuchan los sonidos de nuestro universo espiral, como la evolución de una onda abierta que se convierte en un espacio radial de cuatro dimensiones y un tiempo tridimensional en expansión: el tetraedro y la esfera.

Parece demasiado científico para nosotros, pero lo impactante no está tanto en esos algoritmos, sino en todo lo que esto trae a continuación y que develaré de inmediato. Por lo pronto, termino diciendo que nuestros ancestros reconocían siete súper universos en una ruta elíptica con los agujeros negros.

Las sorpresas teotihuacanas continúan. De acuerdo con nuevos descubrimientos de Harleston, pareciera que ese recinto guarda información de preparación, más que para esas lejanas épocas, para comprender y actuar en consecuencia en nuestro presente. Según sus investigaciones sobre el diseño de Teotihuacán, comprueba que se controlan no solo las frecuencias del sonido, sino también la de la luz, constituyendo un dato básico para el manejo de la macro energía. Pero no es todo, veamos por qué.

Cuando un físico trata de calcular el comportamiento de un cuerpo ante la presencia de la luz, la constante del hidrógeno (137 037 037) le da resultados que encajan en las experiencias investigadas y coincide con los descubrimientos en Teotihuacán. Si bien hace ya un tiempo se pensaba que el sol era de carbono, hoy se sabe que el sol es de hidrógeno, lo que podría equivaler a la influencia actual del sol en el planeta y en la humanidad, capacitándola para asumir esa macro energía. Harleston plantea que estas frecuencias cosmológicas encontradas en la ciudadela deberían ser bastante útiles cuando los humanos tengan que enfrentarse con cantidades muy grandes de energía.

Estaríamos hablando entonces de que los sabios de la antigüedad sabían desde un principio lo que nuestra ciencia recién ha descubierto. Si lo relacionamos con nuestro tiempo, podemos deducir que ante el aumento de la calidad, intensidad y periodicidad de las explosiones solares que están elevando (encendiendo en luz) la frecuencia del planeta, y todo lo que vive en él, estamos recuperando nuestro potencial de luz más cercano al original, quedando en nosotros mismos toda la responsabilidad de sincronizar con el concierto cósmico en equilibrio.

Para este investigador, los ángulos y perspectivas del trazado de Teotihuacán muestran la estructura del cielo y la tierra integrados junto al megaespacio del Universo, y sería la obra de un matemático magistral. Afirma que los mensajes de esa ciudadela constituyen conceptos intemporales que podrían enseñar al estudiante a extenderse más allá de sí mismo, en una relación del hombre con el Cosmos y consigo mismo como conocedor y preceptor.

La totalidad de la información de esas construcciones presenta relaciones tan simples que en un día se pueden aprender sus principios y, a partir de ello, deducir información cósmica. *Es como si los teotihuacanos hubieran deseado dar un método de enseñanza de las verdades cósmicas tan sencillo que, una vez aprendido, los supervivientes de un cataclismo imprevisible pudieran reconstruir ese conocimiento mediante el uso de solo su memoria.*

En realidad, se puede ir más adelante y suponer que dentro del concierto cósmico que muestra Teotihuacán habrían claves que, como hemos planteado en otros capítulos, consideran al hombre en un potencial parcial (más elevado que el nuestro actual, pero menor al que podemos alcanzar hoy en día), capaz de manejar cierto poder y elementos externos delicadamente afinados con el modelo cósmico integrado. Esas capacidades serían necesarias para afrontar las condiciones de ese tiempo ancestral e incluso considerar situaciones cataclísmicas.

Teotihuacán nos deja un legado: el saber que contenemos en nosotros su gran memoria americana.

Mayas y matemática cósmica

Conciencia cósmica, matemáticas, computadoras y el juego de damas, un enlace fuera del tiempo a través de los mayas, es un tema insólito pero real. De acuerdo con el lingüista maya y filólogo Domingo Martínez, luego de un profundo análisis del manuscrito maya-quiché, *Popol Vuh*, llegó a la conclusión de que en Mesoamérica existió una cultura muy antigua, altamente desarrollada, cuya cosmogonía supera las hipótesis modernas sobre el origen del Universo y su evolución, y del hombre como uno solo con el Universo.

Figura 27. Calendario maya.

Según Martínez, los mayas llegaron a la certeza matemática de que existía una conciencia cósmica a la que llamaron Hunab Ku, que es la única que da la medida y el movimiento y a la cual atribuyeron la estructura matemática del Universo. Esta divinidad la representaban por medio de un círculo en el que estaba inscrito un cuadrado, ¡tal como lo hizo Pitágoras!

El ingeniero mexicano Héctor Calderón, al analizar el sistema matemático de los mayas, señala que podían resolver problemas matemáticos complicados mediante un sistema muy sencillo de granos de dos colores para representar los números 1 y 5, colocados en diferentes posiciones sobre un tablero de damas que dibujaban en cualquier superficie plana. Valiéndose de estos tableros representados en sus monumentos, estelas, pinturas y ropas, los mayas estaban en posición de manejar su cronología, astronomía, ingeniería y arquitectura.

Empleaban una técnica de cálculo métrico que solo volvió a desarrollarse a mediados del siglo XX. Un sistema que había permanecido extraviado para la humanidad, cuando el uso de sus tableros de damas degeneró en hechicerías, augurios y en un sencillo juego.

La universalidad de los números abstractos fue un concepto expresado insistentemente por los mayas en sus tableros ornamentales. Su relación con nuestros tiempos ha sido postulada nada menos que a través del ¡análisis dimensional y las leyes de semejanza! Según Calderón, la forma de representación y cálculos de los mayas han sido reconocidos hoy por la ciencia gracias a recientes descubrimientos, y estarían relacionados con los actuales módulos hidráulicos y computadoras analógicas estructurales para la recopilación de información estadística.

¡Grande América! ¡Pongámonos a su altura… y más allá!

Renús y Machis, una jerarquía de sabios

Muchos nos hemos preguntado al ver esas cabezas radiadas en el arte rupestre vastamente presente en todo el continente americano, ¿cuál sería su significado? Si nos referimos a la sabiduría mapuche, tenemos la posibilidad de saber tal significado y, más aún, reconocer la historia sagrada de nuestro continente. El Ser Universal interpretado como Enviado o Avatar es reconocido por las culturas ancestrales como el descenso divino para la prolongación de un período cósmico.

Es siempre el mismo, sumergido en el océano de esta forma de existencia. Es conocido como Wirakocha, o Quetzalcóatl, y después de otra inmersión aparece en otro lugar donde es conocido como Cristo, Buda Maitreya, etc.

La tradición mapuche señala que de tiempo en tiempo, este Divino Maestro o Marepuantú, desciende al mundo antes de que se produzcan enormes cambios y transformaciones. Al ser de carne y hueso, nace con poderes o cualidades divinas reconocidas por solo unos pocos. Él es el arquetipo y maestro de los Renús, no así de los Machis, que ocupan un estadio menor, no por eso menos importante.

Todos los pueblos indígenas americanos conocieron a este personaje, designándolo con distintos nombres: Gukumatz,

Wirakocha, Thunapa, Paí Xué, Bochica, Kukulkán, Paí Abaré, Tomé, Votán, Elal, etc. Estas denominaciones son compartidas por todos los pueblos originarios de América, desde Alaska a la Tierra del Fuego, y se considera como un enorme y coherente complejo cultural a lo largo de la cordillera.

La tradición mapuche indica que a estos seres se les puede percibir rodeados de un aura luminosa y un nimbo radiante circundando su testa. De ahí el origen de esos dibujos rupestres mencionados. De ambos lados de su cabeza salen proyectados un par de rayos luminosos ondulantes (serpientes). Del medio de la frente surge otro rayo, pero con un aspecto algo distinto, es como un ángulo cuyo vértice de origen se halla a la altura del entrecejo y se proyecta por encima de la cabeza... ¿Estaban hablando de la pineal activada? Al parecer es así. El nimbo luminoso que circunda la cabeza es análogo al sol, por eso se habla de cabezas radiadas o «solarizados», y de ahí proviene el término de *hijos del sol*.

Figura 28. El Gigante de Tarapacá (Chile). Cabeza radiada.

Figura 29. Petroglifo con rayos y conexión pineal.

Ahora bien, según lonko Aukanaw, muchos mapuches no-iniciados (reche) suelen describir a estos seres especiales como *wingka* o «de piel blanca y pelo rubio, o payo», pero en realidad esa blancura no es por el color de su piel como se cree, sino por el brillo resplandeciente que irradian. Los Renú, recordemos las otras entregas, son los seres que han alcanzado la recuperación de su identidad justamente como *Hijos del sol*, ya en posesión de su herencia, y serían vistos de la misma manera que Marepuantú, o sea, iluminados.

Ellos son los que hoy habitan la ciudad perdida de Los Césares (ciudad etérica, vibrando en frecuencia de luz), donde se guarda la información superior de la humanidad y que, según la tradición, será revelada a esta cuando esté lista para ello.

La mitología ancestral americana, aparte de anunciar la llegada de estos avatares en tiempos cruciales, también está confirmando que no vienen a salvar, sino que su función equivaldría a la oportunidad de alcanzar como humanidad un nuevo estado, el de Renú o gran iniciado capaz de revelar su nueva naturaleza *solar* por medio de su luz.

Misterios españoles y sincronizadores estelares

Cuando hablamos de América no podemos dejar de pensar en España, compartimos una historia fuerte y controvertida que nos dejaron los 500 años de experiencias dolorosas de aprendizaje. Sabemos que el mestizaje, producto de la conquista, y la llegada de nuevos habitantes de otros contienes nos han legado una memoria completa que está en nuestros genes. Sabemos también que es el momento en que las profecías americanas ancestrales, junto al misterioso plan que acompañaría el real propósito de Colón, señalan el importante rol que corresponde a este continente en este tiempo. Entonces, España, que es también un crisol de razas, ¿nos habrá legado algo más grande que su propia memoria-humanidad? ¿Un legado estelar?

La Dama de Elche, escultura descubierta en el siglo XIX en España, despertó controversias acerca de su origen desde que fuera encontrada en el río del cual toma su nombre. Hasta el día de hoy se hacen conjeturas respecto a quién representa: ¿una sacerdotisa contemporánea de Nefertiti? ¿Más antigua aún? Por el momento la han bautizado como la Reina Roja, coincidiendo con el hallazgo de una tumba maya que pertenecería a la reina esposa de Pakal Votán, a la que denominaron también Reina Roja.

Vamos a iniciar un recorrido hacia lo inimaginable, pero que a la luz del conocimiento actual se vuelve posible. ¿Cómo fue que llegamos a crear limitadamente? ¿Cómo se desarrolló este proceso de exteriorización creativa? Vamos a partir por el final, y la imagen de la Dama de Elche será el símbolo y muestra de lo que sucedió en un tiempo de adaptación a esta nueva identidad. La antigüedad de esta escultura ha sido estimada oficialmente en unos 5 o 6 siglos A.C., pero puede ser muy anterior. ¡Y vamos al grano!... La Dama de Elche sería una representación de una sacerdotisa-guía, originaria de Poseidonis. Ella se valía de auriculares sintonizadores en Erianes para recibir las guías-madres en su tarea expansiva de información desde conexiones estelares con ¿Orión? ¿Las Pléyades? ¿Sirio o Aldebarán? Son esos grandes discos cubriendo sus oídos.

Figuras 30-A. La Dama de Elche.   30-B. Vista lateral (cráneo alargado).
Museo de Antropología, Madrid.

Las cuentas que presenta alrededor del cuello tenían también objetivos específicos de ubicación espacial, equiparables a nuestros GPS actuales, o a los *chips* de seguimiento utilizados hoy en día. Ciertos seres en misiones similares, en general varones, poseían «Pulseras-sensores», que eran sincronizadores espacio-temporales (véase *Surameris y el cofre de los secretos*). Como ves, España tiene su historia cósmica, y su información estaría contenida también en nuestra memoria.

Era un período de decantación de potencias creadoras a su nueva manifestación. Las joyas, adornos diversos, así como el uso de las trenzas en el caso de los pueblos ancestrales, son recordatorios de esos procesos, y en la actualidad se les considera solo hermosos adornos o profundas costumbres.

¿Qué son los *Erianes* en los auriculares de la Dama de Elche? En el principio, este término se refería a una tecnología aplicada a eventos energéticos. Son ventanas desde el campo atómico (nuestro mundo), ajustadas a *escapes espectrales* (reflexión de la luz). Es el cambio por elevación de frecuencia que permite la entrada a otros universos. Son líneas de frecuencia unificadas, un procedimiento electrónico como instrumento; es un equipo de resonancia que regula el espíritu en ciencia.

Era la manera como los seres-guía que habían decidido operar en este mundo se comunicaban para recibir información superior a la de este campo y poder actuar en consecuencia en este Universo limitado. Pero, ¿cómo se produjo esta densificación?

En un principio, el hombre-superior crea de sí mismo y tiene para ello pautas guiadoras emanadas de su propio sello original, guardadas en su memoria perfecta. Tenían la capacidad de crear esa perfección, controlar resultados y modificarlos desde ese estado primigenio. Posteriormente, y ya en manifestación más densa, comienza a depender de elementos externos para mantener sus capacidades activas y contactos superiores. Un ejemplo de ello lo encontramos en las Sibilas, sacerdotisas del oráculo, quienes contactaban con el agua para recibir informaciones sobre los eventos y aconsejar al respecto.

Más tarde, ellas mismas debieron conocer una nueva forma de acceso por medio de hierbas y alucinógenos, debido a una mayor densificación, trayendo con ello los consabidos riesgos de error y confusión a través de la polaridad dividida que ya estaba ampliamente manifestada. Junto a quienes mantienen la limpieza de su rol, surgen aquellos oráculos que usaron el lenguaje y su trampa en la puntuación, como fue el pronosticar su destino a los que iban a la guerra. *Irás, volverás, nunca en la guerra perecerás*. Cuando los familiares de aquellos que murieron reclamaban al oráculo por su error, este decía: Nunca me he equivocado. Yo dije: *Irás, volverás nunca, en la guerra perecerás*. Este ejemplo se usa en las clases de redacción y gramática para destacar la importancia de la correcta puntuación en el idioma español.

En América tenemos datos históricos que mencionan la piedra parlante de América del Sur. Este enigmático peñasco habría guiado a un grupo de habitantes de lo que hoy es Bolivia, llamados uros, cuya historia conoceremos ahora.

Los sabios de la tierra y la savia americana

Si los actuales investigadores del origen de la civilización primigenia americana escucharan a los sabios de los pueblos originarios, tendrían una versión mucho más cercana a la verdad, encubierta en los signos arcanos de su herencia cultural. La génesis de los uros, habitantes de islas construidas de totoras en el lago Titicaca, antes de la llegada de otros indígenas de los Andes, se divide en dos períodos: el del Tata (padre), antes del sol actual, en la época de los *chulpas*, o magos, quienes tenían poderes superiores y habitaron el Tiwanaku primordial; el segundo período, es la época del sol y la creación del hombre verdadero, aymaras, quechuas y wiracochas (hombre blanco). La vida de esa época no tenía sol, solo dos lunas... la Tierra estaba en penumbras, y la existencia humana semejaba un invernadero.

Los chulpas anunciaron que aparecería el sol y que lo haría por el oeste. Por su parte, los uros (de piel muy oscura, tenían rostros más parecidos a algunos animales de acuerdo con su propia descripción), según sus recuerdos, eran los únicos habitantes de la Tierra en ese período y fueron guiados por consejos superiores a través de la Piedra Oráculo o Piedra Parlante, que les recomendaba construir sus casas sin ventanas y la entrada mirando al oeste. Sin embargo, los chulpas, luego de decirles que iban a morir si seguían los consejos de la piedra, construyeron sus casas mirando hacia el este. Cuando apareció el sol, los chulpas se quemaron y el sol les dio otra forma de vida... y los uros pudieron sobrevivir sin problemas.

Al principio solo salían de noche a buscar su alimento. Poco a poco, el sol se volvió más tolerante y los hombres pudieron habituarse a su luz. Los relatos de estos pueblos uros señalan que todo esto pasó después de la época de los incas, los antiguos, que no tienen nada que ver con los que conocemos como tales, pues corresponden a períodos de los cuales no quedan vestigios detectables. A propósito, un extracto de *Surameris y el cofre de los secretos*:

No había sol en el tiempo de esos incas. Ellos tenían su propio sol, un sol de oro. El sol del Cristo apareció tres tiempos después de la desaparición de los incas originales, comentó Akutchay en su lengua pukina (lenguaje original de los uros).

Las piedras parlantes de América

Tal como sucedió con los uros y su piedra parlante, extraordinaria guía de esos tiempos primordiales, los mapuches también contaban con un elemento similar, la piedra sagrada llamada Padre Retrikura, que aún se puede conocer cerca de Lonquimay, en Chile. Era un poderoso oráculo y un sitio donde siguen manifestándose fenómenos portentosos según la experiencia de Aukanaw, sabio de esa etnia. De acuerdo con su información, esta roca tiene para la tradición espiritual mapuche un nivel similar a la piedra Betilo (Casa de Dios) que se menciona en la Biblia de la tradición judeocristiana.

Figura 31. Piedra Retrikura (Lonquimay, Chile).

Hoy es lugar de peregrinación más cercano al sincretismo. Ha sido revalorizado por los chilenos cristianos, no mapuches, que realizan sus «mandas» y plegarias. En esta piedra hay una relación muy secreta sobre la manifestación del Divino Maestro Marepuantú, de quien hablamos anteriormente.

Según una profecía ancestral, desde este centro cósmico surgirá el Maestro que protegerá al pueblo mapuche, y le proporcionará consejo y un silbato sagrado y poderoso. ¡Curioso instrumento!, tomando en cuenta el descubrimiento de Klaus Dona en Ecuador, respecto de aquellos instrumentos musicales que tienen que ver con las ondas cerebrales. También podría estar relacionado con el sonido enjambre anunciado por tribus amazónicas de Brasil.

Los toltecas y la creación mediante el sueño

Me referiré a la sabiduría tolteca de los sueños y su relación con nuestro tiempo.

Los toltecas eran científicos y artistas que formaron una sociedad para estudiar y conservar la sabiduría espiritual, así como las prácticas ancestrales donde ciencia y espíritu eran una sola rama de la herencia primordial. Formaron una comunidad de *naguales* (sabios) y de estudiantes o aprendices y habitaron Teotihuacán. Como sabemos, la información que poseían, así como avances que la ciencia de hoy ya quisiera quedan plenamente demostrados en el objetivo y características de sus construcciones, las cuales abarcaban no solo nuestro planeta, sino sistemas estelares y sus respectivas correspondencias matemáticas y de aplicación práctica en la Tierra.

Esta sabiduría se extendía mucho más allá de lo imaginado y abarcaba nada menos que los sueños, transformándose en la actualidad en un verdadero apoyo interesante para aquellos profesionales de la psicología jungiana, así como para las experiencias oníricas individuales de este tiempo.

A través del mundo experiencial de los sueños, los toltecas podían vaticinar acontecimientos próximos que el ser-energía original, liberado de sus limitaciones durante el sueño, era capaz de ver atemporalmente. Así fue como a pesar de que este secreto, entre otros, permaneció oculto cientos de años, vaticinaron que llegaría el momento en que sería necesario devolver la sabiduría a la gente.

Ellos hablan de la domesticación y el sueño del planeta, y lo detallan afirmando que lo que ves y escuchas ahora mismo no es más que un sueño… En estos mismos momentos estarías soñando, pero con el cerebro despierto; y cuando duermes, sueñas con el cerebro dormido. La diferencia está en que cuando el cerebro está despierto hay un marco material que nos hace percibir las cosas de una forma lineal. Cuando dormimos no tenemos ese marco y el sueño tiende a cambiar constantemente.

Según su sabiduría onírica, los seres humanos soñarían todo el tiempo, y antes de que naciéramos, aquellos que nos precedieron, crearon un enorme sueño externo que podríamos identificar como el sueño de la sociedad o simplemente el sueño del planeta, que es el sueño colectivo hecho de miles de millones de sueños más pequeños, de sueños personales que unidos crean un sueño de familia, o sueño de comunidad o sueño de un país, y finalmente un sueño de toda la humanidad. El sueño del planeta incluye todas las reglas de la sociedad, sus creencias, leyes, religiones, diferentes culturas, sus gobiernos, sus acontecimientos, etcétera.

Si miramos esta sabiduría desde la información de la ciencia actual y desde nuestra fórmula, podemos darnos cuenta de cuán acertados estaban, y a la vez pensar cuán cerca estamos nosotros de su conocimiento y experiencia, cuya memoria reside en nuestra genética a través del mestizaje americano. De acuerdo con su profecía, estamos en el tiempo de la recuperación de ese conocimiento. Recuerda: lo real es en lo invisible, todo lo demás son resultados; soñando correctamente se crea la manifestación que primero genera en la malla el correcto o incorrecto sueño donde se teje el futuro potencial.

Figura 32. Toltecas. Atlantes de Tula.

Todo esto corresponde a las señales predichas para el retorno de la Serpiente Emplumada. A los toltecas se les relaciona con Tula, ciudadela a la que se habrían trasladado al dejar Teotihuacán y donde se erigieron las monumentales esculturas llamadas los Atlantes.

La doctrina tolteca del retorno quedó recogida en diversos documentos. Veamos como ejemplo las palabras que pronunciaron los seguidores de Ácatl Topiltzin: *Nuestro Señor retorna a su origen y nosotros nos vamos con él, pues lo acompañamos a donde quiera que vaya. Pero habrá de volver, volverá a aparecer, de nuevo vendrá a visitarnos para concluir su camino en la tierra* (Códice Matritense).

¡Singular coincidencia con los Renús Mapuches!

Latinoamérica: heredera de grandes civilizaciones

Han llegado hasta nuestro tiempo vestigios de tres grandes civilizaciones que habrían existido en este lugar del planeta, sin embargo, esas informaciones escasas y poco aceptadas por la ciencia ortodoxa corresponden a períodos tardíos, cuando ya se encontraban debilitadas y en decadencia; pero en su momento, en tiempos muy antiguos de los que recién estamos sospechando su importancia, fueron conocidas como edades de oro del planeta. Ellas fueron Mu, Atlántida e Hiperbórea.

He mencionado en antiguas entregas las dos primeras, pero poco o nada hemos hablado de Hiperbórea. Esta antiquísima civilización, que habría existido hace 60,000 años, se ubicaba en la zona que hoy conocemos como la Antártica, cuando era un área fértil. Algunos estudiosos la sitúan en el Polo Norte, pero no consideraron que en tiempos remotos hubo procesos planetarios significativos de inversión polar.

Estudios realizados hace unos años por la Canadian Space Agency, revelaron que bajo la capa de hielo, que desde luego está derritiéndose por el calentamiento global, existiría un lago interior. Sin embargo, esta investigación tuvo recientemente una modificación, al confirmarse la presencia de un bosque bajo la débil nieve. Lo más impactante es la similitud existente entre el mapa con la demarcación del posible bosque, anteriormente un lago, y la referencia de la geografía de esa nación ancestral. El Papiro de Ani habla de seres luminosos y sagrados cuya morada estaría en la constelación de la Osa Mayor, situándolos en el hemisferio norte y que luego de la convulsión planetaria habrían emigrado al sur.

Figura 33-A. Mapa de Hiperbórea.

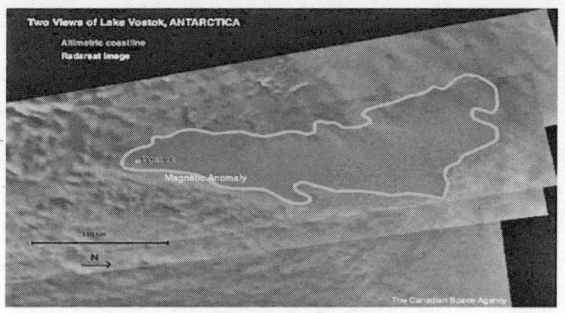

Figura 33-B. Mapa del lago.

En realidad no viajaron, sino que su lugar como civilización terrestre se expandió en lo que hoy es la Antártica, y desde ahí emigraron al norte (que sería el sur anterior). Estos seres tendrían una altura de aproximadamente tres metros y se alimentaban de los frutos de la tierra; se les conocía como los sembradores (¿genéticos?). Varios vestigios bastante misteriosos existirían en la zona austral de Chile, y podría tratarse de cierto tipo de monumentos con efectos específicos, dejados para la posteridad por esa civilización, cuyas experiencias han quedado en el más grande de los misterios.

América es más de lo que nunca imaginamos.

Araucanos: ¿herederos de Hiperbórea?

Así como hoy se postula que los mayas antiguos, herederos de la sabiduría de MU, serían los maestros que llevaron la ciencia y la espiritualidad a la India y Egipto, también hay revelaciones que señalan que los araucanos, habitantes ancestrales de Chile, podrían ser herederos de la antiquísima civilización de Hiperbórea, más que posibles herederos de MU. Si efectivamente el conocimiento se expandió desde estos lares, podrían ser ellos quienes influyeron en la Grecia antigua. ¡Impactante noticia! Esto lo afirma el lonko Quilapan, araucano y miembro de la Sociedad Científica de Chile, y presidente de la Confederación Araucana, quien desde tiempo atrás, a sus noventa años, habría dado a conocer una nutrida información a un grupo de estudiantes.

Araucanos, mapuches y griegos: ¡una singular asociación!

Se suele confundir al pueblo mapuche con los araucanos. De hecho la historia tradicional se refiere con ambos términos como a una sola comunidad, al grupo y a la zona mapuche se le llama Arauco.

Aunque los mapuches tienen y guardan las mismas tradiciones y sabiduría que la estirpe araucana, así como sus propias tradiciones impactantes, los araucanos habrían sido anteriores a ellos, estimándose su antigüedad en unos 30,000 años. Los cronistas españoles los mencionaban como altos, fuertes, de piel clara y con vestiduras toscas, contrariamente a la descripción física de los mapuches, que son de tez morena, altura media y con rasgos muy similares a los pueblos asiáticos.

Figura 34. Cacique araucano tehuelche.

Este antiquísimo grupo humano tendría el sistema numeral más perfecto que existe en comparación con otros sistemas, sería más similar al chino y el japonés, pero aun así los superaría. También tendrían el número 0, que no tenían ni griegos ni romanos. Lo más impactante respecto de su origen es lo que dice Quilapan: *Los araucanos vivíamos en lo que hoy es la Antártica, cuando no había hielo.*

Si así fuera, habría coincidido con lo ya expresado en el capítulo anterior sobre la existencia de Hiperbórea en el Polo Sur... y los araucanos serían herederos de esa civilización, tal vez antes de la existencia de Mu. Entonces, ¿diríamos que Grecia habría recibido realmente la influencia de Hiperbórea, y una vez más su origen estaría en América? Recordemos como una extraña asociación que la Chacana (cruz andina) y la cruz griega son idénticas.

¡Demasiadas coincidencias, demasiados datos! Pero si tomamos en cuenta de dónde viene esta información, que es de primera fuente, de un respetado profesor heredero de una tradición traspasada y cuidada celosamente, deberíamos poner atención cada vez de manera más intensa en nuestro continente. *Nunca fui a un colegio convencional, tuve diecisiete maestros araucanos de quienes recibí toda su sabiduría*, afirma Quilapan, quien además de ser escritor de varios libros, fue reconocido por universidades, sociedades científicas e invitado como conferencista a diversos países. Por mi parte, tuve la oportunidad de conocerle hace muchos años atrás.

Siguiendo con la asombrosa estirpe araucana (de nuestros ancestros americanos) que habría sido heredera de Hiperbórea (más que de Mu), y guía de la sabiduría griega, tenía una forma de vida que hoy sale a luz a través del lonko Quilapan, como un faro indicador de lo que puede considerarse una nación feliz. La ciudadela donde vivía el lonko correspondía a una población de 360,000 personas dividida en agrupaciones de 40,000 habitantes cada una, y por la forma de división y manejo de recursos, no había diferencias sociales ni económicas. No tenían jefes ni gobernantes en tiempos de paz, no los necesitaban, solo en el transcurso de guerra o invasiones.

Sus leyes tenían que ver con la pureza de alma y rectitud: *La palabra vale*, decían. Los matrimonios o uniones de parejas se realizaban en verano, que era cuando los cuerpos estaban mejor alimentados. No tenían cargos importantes antes de los 60 años. Edificaban sus casas (rucas) en las lomas para dejar los mejores terrenos de los valles para la siembra.

Dios no ha creado personas enfermas —señalaba—, *lo que pasa es que ello sucede si no actúan de acuerdo a las leyes. Si sabes leer en el libro de la naturaleza y sigues sus enseñanzas, nunca enfermarías... son los errores y desobediencias de sus leyes las que provocan resultados de enfermedad*. Trabajaban ocho horas, desde la aparición del sol hasta la hora de almuerzo (por ejemplo, de 6:00 am a 14:00 pm), después, el resto del día es descanso y ocupación del tiempo en lo que el ser quisiera realizar, además de interactuar con la familia, sus amigos y la colectividad. Al anochecer se retiraban a dormir: *Dios te reserva la noche para repararte*.

Somos los únicos que tenemos sacerdotes mujeres (machis, al igual que los mapuches), famosa fue Janequeo. Lo insólito de todo esto es que el lonko Quilapan no habla de épocas pasadas en cuanto a esta ciudad, él provenía de ella, pero nunca ha dicho cómo se llama o dónde está ubicada.

¿Sabías que el cacique Lautaro era telépata? Al menos eso afirma el maestro. Los araucanos practicaban la telepatía entre ellos, y este guerrero tenía la misión de comunicar a su colectividad transmitiendo mentalmente lo que estaba pasando en los lugares de enfrentamiento con españoles, o anteriormente con incas u otros invasores, subido a un árbol. ¡Todo esto está en nuestra memoria genética! Somos herederos de esta sabiduría, y la telepatía sería entonces un potencial inherente a todos nosotros; si es así, tal vez es tiempo de recuperarla.

El encendido de nuestro equipo electrónico es el restablecimiento de nuestra herencia creadora superior donde todo lo soñado es posible… ¡América debe esplender en luz y a cada uno de nosotros nos corresponde activar ese programa!

En los campos de cultivo de Irlanda existe una tradición celta. Se trata de mantener un pequeño espacio salvaje, libre de siembra, que no debe ser pisado ni regado, dejando que solo sea humedecido por la lluvia. ¿Objetivo? Mantener contentos a los seres elementales de la naturaleza y a sus directores, y sentir el respeto por parte de quienes usan la tierra. Si ellos mantienen su reino cuidado de esa manera, se asegura su cooperación para manifestar la abundancia de la producción.

Curiosamente esta misma costumbre se observa en algunos campos del sur de Chile, pero la mayoría de los campesinos que lo hacen no tienen muy clara la raíz y los objetivos de esa tradición. El origen corresponde justamente a la tradición araucana que desde su génesis cuidaba de tener siempre un lugar virgen, intocable, cuyo objetivo era ofrecer ese espacio como templo a Dios. ¡Qué parecidas intenciones y efectos provenientes de zonas tan lejanas geográficamente!

¡Araucanos! Un nombre que se expande más allá de sus fronteras conocidas… ¿Sabías que en Colombia existe un lugar que se llama Arauca, y sus habitantes originarios llevaban el nombre de araucanos? Y en ese país viven los guanes, un pueblo originario con un aspecto singular. Según los arqueobiólogos, son más altos que otros vecinos, de piel clara, fuertes y de rasgos caucásicos. Es el único grupo étnico de los tiempos prehispánicos con tales características.

Menhires en la Patagonia

Y siguiendo con estas coincidencias entre continentes, estudios realizados por el investigador chileno Rafael Videla revelan que los menhires no serían exclusivos del mundo celta, irlandés o bretón, sino que también están presentes en la protohistoria americana, especialmente en Chile, tanto en el sur como en el norte. En el balneario de Rocas de Santo Domingo existe una gran roca conocida como la piedra del sol, que alcanza unos 5 metros. También se le llama intihuatana (lugar donde se amarra el sol), a raíz de las indagaciones del conocido investigador chileno Óscar Fonck Sieveking, quien le atribuyó un significado calendárico antiquísimo. Recordemos que en Machu Picchu también existe la piedra intihuatana que hasta hoy sigue utilizándose para el ceremonial del solsticio o Inti Raymi, que es el amarre del sol.

Figura 35. Menhir en la Patagonia.

En Aysén se encuentra el menhir Chaya Mapu, de 30 metros de altura, entre otros, y en el desierto de Atacama, en Tara, a 4,000 metros sobre el nivel del mar, se elevan los *moais* de Tara, verdaderas columnas labradas que superan los 10 metros de altura.

Y para cerrar este apartado, hace unos 20 años atrás fui testigo del hallazgo en las cercanías de Chiu Chiu de un fémur correspondiente a la estatura de un hombre de 3 metros de altura, que fue llevado a Santiago para su estudio y de cuya noticia nunca más se supo.

De asombro en asombro vamos tejiendo la nueva historia americana, que asegura una sola verdad planetaria donde emerge en su pureza un continente que tiene mucho que entregar. Signos, símbolos, metáforas, profecías, avalan a estos actuales pueblos americanos en su caminar hacia sí mismos en busca de la victoria.

Líneas extraordinarias recorren América

Siguiendo con la asombrosa sabiduría ancestral americana que debemos recordar y sacar a la luz desde nuestra propia memoria heredada, nuestro ADN privilegiado hace de Latinoamérica una nueva mujer y un nuevo hombre, como señaló el literato mexicano José Vasconcelos en su obra *La raza cósmica*, y refrendado por el historiador Antonio Velasco Piña. Por lo pronto, demos una pequeña mirada a la civilización inca primigenia. Tal vez has oído hablar de las líneas *ceques*, las cuales corresponden a esta cultura inca, y consisten en circuitos o trazados para señalar distancias astronómicas y de tiempo, repartidos en forma recta y radial, cuyo origen estaría en el Cusco.

Lo asombroso es que estas líneas pueden verse desde una gran altura del cielo, y no solo recorren lugares cercanos, sino que pueden observarse como caminos rectos diseñados desde las alturas, uniendo de manera precisa y seguramente muy estudiada lugares específicos de América. En general, pasan y señalan sitios sagrados ya conocidos, y seguramente muchos hasta ahora desconocidos. Las observaciones solares de los incas tenían que ver, entre otras cosas, con las divisiones del tiempo y se traducían en un calendario agrícola y ritual.

Figura 36. Líneas ceques.

El sistema de ceques combinaría el ordenamiento de espacio y de tiempo, por lo tanto, llevaría a cabo el cómputo del tiempo por medio de la correlación de unidades de espacio terrestre con la salida y puesta de los cuerpos celestes a modo de un gigantesco *quipu** extendido sobre la Pachamama. Estas líneas no solo se encuentran partiendo del Cusco en forma radial, sino también de Tiwanaku; igualmente, se encuentran en otros lugares como el desierto de Atacama.

El principal mapa de orientación celeste de los incas fue la Vía Láctea, y tal como lo señalé en capítulos anteriores, se guiaban por los huecos oscuros y no por las mismas estrellas. Si se pudieran seguir algunas de las líneas ceques, podríamos ver cómo estas unen exactamente ciertos sectores sagrados, trátense de cerros tutelares, recintos rituales, templos ancestrales y lugares de fuerzas telúricas especiales, posibles anclajes de potencias energéticas tanto estelares como planetarias.

Una tremenda preparación para eventos interestelares en los que quizá nosotros tendremos la responsabilidad de poner el sello de victoria.

---

*Quipus: cuerdas de lana u otro material similar que usaban los incas para medir, sacar cuentas, guardar información, etc., mediante nudos específicos que realizaban en ellas.

El engaño del mapamundi

¿Sabías que nos guiamos por un mapa falso respecto al tamaño de los continentes y que América Latina, especialmente América del Sur, es mucho más grande de lo que conocemos? Este engañoso mapa actual, conocido como Mapa Mercator, y que fue creado para y por la visión náutica, hasta el momento sigue siendo útil a la navegación y es también el referente geográfico oficial de la Tierra. América ha sido disminuida frente al tamaño de Europa. La línea del Ecuador no atraviesa por la mitad el mapamundi como se nos ha enseñado.

Increíblemente, en este mapa «oficial» que data nada menos que del siglo XVI, aparte de existir una gran deformación en los polos, América del Norte y Europa están más grandes de lo que son, y América del Sur, incluyendo América del Norte en su parte latina, exageradamente más reducidas de su tamaño real. Fue creado por el cartógrafo alemán Kremer, cuyo apellido significa mercader, de ahí su nombre *Mercator*, y es el que utiliza Google Earth y Google Maps, aparte de ser el oficial para toda la humanidad. Pese a ser bastante preciso en las zonas centrales del mapa, parece haber un interés en perpetuar esta visión alterada de parte del llamado Primer Mundo.

Es tiempo de preguntarse: ¿por qué se sigue enseñando de ese modo nuestra geografía, cuando se sabe que es erróneo? Si lo analizamos desde el poder creador del ser, sin darnos cuenta, hemos afirmado creativamente esta representación y ha terminado por influir en el comportamiento mundial de aceptar la limitación de nuestra condición a favor de la superioridad basada en el tamaño de los continentes. A mediados del siglo XX, el investigador alemán Amo Peters advirtió al respecto y enseñó el verdadero tamaño de los continentes.

El mapamundi que conocemos, indica Peters, otorga dos tercios al norte y un tercio al sur. Europa está descrita en la carta como más extensa que América Latina, a pesar de que América Latina duplica la superficie de Europa. La India parece más pequeña que Escandinavia, aunque es tres veces más grande. Estados Unidos y Canadá ocupan en el mapa un lugar mayor que África, cuando esos dos países juntos son un tercio menores que ese continente.

En 1974, Peters presentó una proyección más real del tamaño de los continentes, que hoy es aceptada por personas e instituciones comprometidas con el desarrollo y cooperación internacionales, pero es prácticamente desconocida por la colectividad en general. De acuerdo con el escritor uruguayo Eduardo Galeano, la geografía tradicional nos quita este espacio, así como la historia oficial roba nuestra memoria.

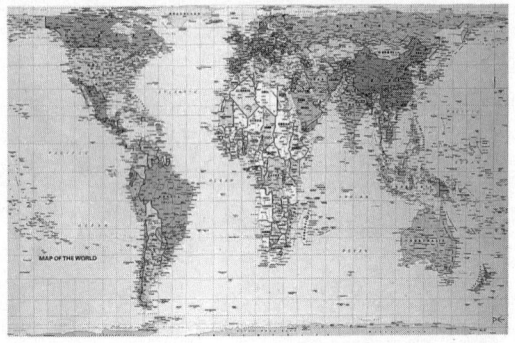

Figura 37. Mapa de Peters.

Hoy estamos recuperando nuestra identidad sin ruido ni oposición. Estamos rescatando la soberanía interna del ser, que impone el verdadero poder que nadie puede quitar, que es el poder del Amor, la frecuencia más alta del planeta. Es la cruzada americana que emerge para dar ejemplo al mundo... ¡No lo olvidemos!

El principio y no el final de las cosas
Los textos proféticos del Chilam Balam

Las profecías mayas tampoco consideraron el 2012 como el fin de los tiempos. Es más, los textos proféticos consignados en los libros del *Chilam Balam*, y sacerdotes toltecas que mejor interpretaron el calendario de Anáhuac, profetizaron más allá del 2013 y hasta un período muy alejado de esa fecha límite. He aquí algunas de las profecías que abarcan hasta el 2051… un regalito de tranquilidad para aquellos que se sienten inseguros frente a los acontecimientos en un futuro inmediato.

Es un llamado a aceptar definitivamente que somos nosotros quienes crearemos el mundo que queremos vivir, en perfección o en desastre. Los textos están bastante cifrados, pero se puede ver la interacción que hay entre seres de origen superior, o tal vez exterior, y los seres preparados que ayudan a equilibrar los procesos de cambios. Katún Cuatro Ahau (de 1992 a 2013):

> *Durante esta época llevaréis calzones y camisas blancas, pues descenderá el Quetzal, el Ave Preciosa, a las ramas del Árbol Anunciador. ¡Ah, esplendor de la Estrella que guía en los cielos! ¡Ah, Verde Tortuga! ¡Ah, Precioso Anunciador, tú, que eres la Estrella del Alba!* (relacionado con el planeta Venus y su posible procedencia). *Pero pocos, muy pocos comprenderán las señales, porque sordos estarán a todas las cosas. Y ocurrirá que, por cuarta vez, regresará la Serpiente Emplumada, y en pos de él los Itzáes.*
>
> *Es la cuarta vez que habla este ciclo, la cuarta vez que él desciende a los Itzáes* (los que están preparados). *Entonces regresarán los Itzáes a su ciudad. Pues descenderán plumas, descenderán Quetzales. Y llegará el Señor del Árbol Precioso, Aquel que fue herido, la Serpiente Emplumada. Y tras él vendrán los Itzáes. Es Palabra de Dios. Profecía de Nahun Pech, Gran Sacerdote.*

He aquí, se acercan los días en que se acabe el tiempo, ¡oh, Padre! Entonces llegará a su plenitud el poder de este Katún Cuatro Ahau. Muy cerca estará ya el verdadero Conductor del Día de Dios. Os lo digo yo, ¡oh, hermanos de un mismo vientre, Itzáes! Aquel que os visitará, cuando llegue, vendrá para ser el Señor de esta tierra.

Katún Dos Ahau (de 2013 a 2032):

Y retornarán los mayas a santificar la tierra de Cozumel (la antigua tierra santa de los mayas). *¡Despertad, amaneced! Trece lunas ha, que está presente el Señor Ayunador, el Precioso Quetzal. Nadie entenderá los días de austeridad que se manifiestan con el Poder que viene. Porque será cuando venga el Juez de Ebulá* («la escala del Agua», nombre maya de la jerarquía divina).

Será el tiempo del bastón de oro, y de la cera blanca (cera blanca es la esencia del Katún). *Con blanca cera descenderá la Justicia* (la cera alude a las «abejas», otro nombre de los toltecas o itzáes). *Y esto ocurrirá cuando os hundáis hasta el seno de la tierra* (en un rito iniciático) *y allí os amanezca; cuando veáis movimiento en el cielo, movimiento en la tierra; al término del Katún.*

El final de este Katún es preludio del término del Quinto Sol nahua:

Seréis entonces regados con flores (el conocimiento sagrado) *en tiempo de flores; y nacerá en vosotros la Voluntad unida de llegaros a la Mujer* (Yohualcóatl, el aspecto femenino de la Serpiente Emplumada) *y de haceros Uno con ella. Entonces entenderéis.*

Profecías y líneas del tiempo
Profecías mayas del Chilam Balam, *del 2032 al 2051... y algo más*

Siguiendo con las profecías del *Chilam Balam*, que se extienden mucho más allá de este período, veremos cómo hay una relación con lo que ya está pasando y que tendría su apogeo en las fechas señaladas a partir del 2030. Katún 13 Ahau (2030-2051):

> *Se oscurecerá el poder de los señores temporales por la justicia universal de Dios. Se volteará el Sol, se volteará el rostro de la Luna. Bajará sangre por los árboles y las piedras y arderán los cielos y la tierra.*

Hasta este momento el eje de la Tierra se ha movido 10 centímetros, sin provocar mayores problemas a la humanidad en general. Cálculos científicos realizados hace tiempo señalaban que si el eje de la tierra se movía un milímetro produciría eventos catastróficos en más de un tercio del planeta.

> *Es el santo juicio de Dios. Será tiempo en que se alcen los hombres efímeros en el rigor de la lascivia; dedicados serán nuestros infantes a la concupiscencia. Y ocurrirá que una mala sangre procedente de la Luna ocasionará muertes; y al entrar la Luna llena acontecerá sangre total.*
>
> *Pero también los astros buenos lucirán su bondad sobre los vivos y los muertos. Pues resucitarán los muertos, se hundirán los cielos. Los virtuosos subirán y los malos descenderán.*

De acuerdo con el cálculo tanto de los mayas como de la física cuántica a través de J.P. Garnier Malet, referente al ciclo de 26,000 años, en el *interregno* o *punto Cero* se produce el desdoblamiento del tiempo y con este aparecen las dos líneas de tiempo: la catastrófica y la positiva. Comienza la definición de una de las dos vías, de acuerdo con la decisión del individuo, y ello determinará sus resultados.

Será el fin cuando termine este ciclo. Es palabra del Señor del Cielo y de la Tierra. Y cuando termine el Katún, vendrán los pueblos a implorar las aguas del renacimiento, para renacer.

Al intensificarse este proceso se deberá resolver por la misma reacción de la humanidad frente a su propia creación, ya comprendida y redirigida correctamente. No es necesario esperar a que los eventos (que son solo resultado de la calidad de las frecuencias generadas por el hombre mismo) se manifiesten si los podemos redirigir y armonizar correctamente, pues todo parte del interior del ser creador.

Estas profecías fueron calculadas a partir de las frecuencias planetarias de esos momentos, pero la calidad en que se producirán depende justamente del nivel vibratorio alcanzado en este tiempo. O se intensifican desastrosamente, o positivamente, según la calidad de los sentimientos con que emitamos nuestros pensamientos, acciones y decisiones... desde el miedo o desde el amor, son los parámetros que determinarán estos resultados.

Entonces... ¿qué experiencia trascendental unió a todos los pueblos ancestrales americanos? ¿La herencia de la sabiduría muriana? ¿O aún más atrás en la historia, la presencia de los colonizadores de la Tierra, en cuya lista también estaríamos incluidos?

¿Y quiénes eran los toltecas, esos sabios contemporáneos de la cultura teotihuacana, y tal vez sus habitantes, conocidos también como los sabios de los sueños? Empecemos por decir que de acuerdo con el Códice Florentino, esos seres eran *los merecidos de Quetzalcóatl*, y el nombre de *tolteca* sería simplemente un grado de conocimiento.

Curiosamente, este título habría sido alcanzado no solo por este pueblo de Anáhuac (nombre antiguo de México), sino también por los habitantes de Tahuantinsuyo, conocidos como incas. Pero hay una relación más misteriosa y estrecha al referirnos también a la tradición mapuche, cuando se relaciona con la existencia de los Renús y su vínculo con Marepuantú, como sus seguidores y la espera del regreso, coincidiendo con la información tolteca.

> *Nuestro Señor retorna a su origen y nosotros nos vamos con él, pues lo acompañamos a donde quiera que vaya. Pero habrá de volver, volverá a aparecer, de nuevo vendrá a visitarnos para concluir su camino en la tierra* (Códice Matritense).

Según estos textos del *Chilam Balam*, hay una certeza del retorno cíclico de la Serpiente Emplumada a fin de ofrecer a la humanidad un camino de liberación, pero interpretan el retorno del Maestro de dos maneras: primero, como un evento interior consistente en el logro de un estado superior de conciencia que es nuestro patrimonio natal. Señalan que esto es algo que puede ocurrir en cualquier momento en nuestras vidas, siempre que estemos preparados para ello; y segundo, creen que ese retorno tiene un reflejo exterior marcado por los ciclos del calendario de *Anawak*, que recogen pautas del desarrollo de la sociedad. Según esta lectura, la Serpiente Emplumada se manifiesta cuando las circunstancias son propicias, como un espíritu que impulsa a grupos de personas a comprometerse activamente con la evolución de la colectividad.

¿No resulta coincidente con los actuales propósitos, donde América parece establecer una unión entre la cultura ancestral y la actual, y su gente impulsa un principio común destinado a manifestar la comunidad americana? Según toltecas y mapuches, la clave está en el logro interno del ser.

Reflexiones para una victoria

¡Estamos volviendo al tiempo de las grandes oportunidades de la civilización! Tal como fue en el comienzo de las experiencias terrestres, solo que en el nuevo *punto Cero*, en un nivel más alto de la espiral del tiempo. Es el tiempo de las aperturas temporales y la creación de las líneas del tiempo. Nuestros científicos están llegando a percibir esos eventos, al igual que nosotros, como humanidad, estamos viviendo esa experiencia.

La investigación trae conocimiento y la experiencia trae sabiduría... y si nuestra memoria genética contiene una información vivencial, que abarque la memoria del Universo (aunque actuante solo en una mínima parte en este campo), al complementarse en el mestizaje (que guarda la información ancestral) recibe el eslabón genético que completa ese todo. Entonces, es a partir de esta condición cuando se debe asumir la responsabilidad de ponerse a la tarea de activarlo en un potencial mayor.

América tiene la clave para triunfar, por eso las profecías ancestrales lo han señalado tan claro y sincrónico de punta a cabo del continente. (A estas alturas, recomiendo revisar los capítulos anteriores, así como la primera parte, *La Fórmula Divina*, desde el principio y sin saltar jornadas.)

Al igual que los primeros gobernantes egipcios y los primeros habitantes de América, la Dama de Elche posee un tocado que parece alargar su cráneo, indicando una procedencia más allá de lo que sabemos. Cuando ella recibía la información de las estrellas, lo hacía a través de esos traductores energéticos que operaban por vibración y sintonía. Ya no era capaz de encender su equipo para recuperar su condición anterior, y era necesario suplir esa diferencia de frecuencia.

Nuestra memoria nos dio la vibración a través del sonido de la palabra, de la música, de frecuencias provocadas por la intensidad y calidad del sentimiento al momento de expresarlo, y de inmediato se manifiestan los resultados según la frecuencia de luz en que se expresen. En el principio el ser se comunicaba solo en frecuencias de los colores de su espectro, pues era luz, y no había error. Demasiados datos y señales convergentes están diciendo que es el tiempo de activar el programa original… en América.

Cuando el Cóndor del Sur se encuentre con el Águila del norte en el lugar del Jaguar, América esplenderá en luz e iluminará al mundo. La primera parte de esta profecía ancestral para esta época se ha cumplido, lo importante viene ahora: tú, yo y todos manifestándola.

Una interpretación de esta misma profecía señala que en el principio el Dios del Tiempo creo el sol y la luna, y con ellos nacieron el águila y el cóndor, con tal fuerza que hicieron que América del Norte y América del Sur se unieran formando América Central. De estas tierras salieron las primeras naciones, pasando por muchos momentos difíciles, entre ellos el peor, la división de las naciones en las cuatro direcciones.

Después de esta división aparecieron las profecías que buscan enseñar a las naciones los caminos para su liberación y unificación. Una de ellas habla del día en que la unión de las lágrimas que broten de los corazones del águila y del cóndor sanarán las heridas y fortificarán los espíritus, los cuerpos y las mentes de los primeros pueblos. Los guerreros de la luz repelerán las espadas de los enemigos y darán término a la opresión, la explotación y la injusticia en nombre de la libertad.

Está registrado que esta unión, este encuentro, ocurrirá en este tiempo, y deberá reunir nuevamente a las primeras naciones de las cuatro direcciones y del cielo (tal como lo dijeron en su libro sagrado los cakchiqueles al referirse a su llegada a Tulán). Seres conscientes de su rol espiritual sin importar ubicación o nacionalidad actual.

Mortales y dioses… ¿somos los mismos?

Cuando se habla de dioses en la mitología, se dice que con un soplido ellos podían cambiar la orientación del viento, agitar las aguas con un movimiento de la mano y levantar piedras con la mirada; además vivían eternamente, o al menos la friolera de 28,000 años. ¿Exageramos? Si nos hubiéramos hecho esa pregunta hace unos años atrás, seguramente diríamos que sí, pero hoy a la luz de lo que comienza a revelarse no solo sabemos que todo ello es posible, sino que sabemos que los dioses como tales no existen; solo el poder creador mayor del Universo, del cual emanamos y somos herederos, llamado AMOR, y que no importando el nombre que le demos en cualquiera de nuestras culturas y vías del espíritu ¡existe!, incluso para los ateos, quienes lo identifican como Perfección en su incesante búsqueda.

También hoy sabemos que existen seres que han alcanzado, definitivamente, un mayor nivel de frecuencias y con ello otro paisaje perfecto, y otra tarea creadora mayor... ¡Ah!, y están los que nunca han bajado sus frecuencias y nos esperan en casa. Entonces, ¿quiénes eran esos «dioses» realmente? Porque significa que es alguien que tiene un poder superior que controla la vida (la inmortalidad) y puede modificar lo manifestado... al menos en este campo limitado.

Vamos a hablar de ello uniendo ciencia y espíritu, y aunque estos eventos ocurrieron en toda la Tierra, nos basaremos en las huellas americanas que nos han dejado; las pistas de un continente olvidado que marcó principios. Piedras que levitan en Tiwanaku para construir monumentos, astronautas en Palenque que dirigen naves con su mente, colonos de la Tierra que producían terremotos en tierras mapuches, ¿lo lograban solos o ayudados por elementos externos?

Hay de todo, era el tiempo en que los seres encerrados en este campo tuvieron que mezclar sus habilidades ya algo extraviadas, con ayudas creadas también por ellos mismos pero externas. ¿De dónde heredamos ese poder? ¿De nuestros ancestros? ¿O de un principio mayor? La primera lección por aprender que nos legaron fue que todo parte del ser mismo, y que para dominar macro eventos es necesario, ante todo, haberse conocido a sí mismo.

Responsabilidad latinoamericana

¡América!: ¿Serás capaz de llevar adelante este maravilloso plan hacia la victoria, a través de tus habitantes? Pese a que tenemos en nuestro continente la clave de la herencia, la fórmula original, aún no confiamos en nuestra capacidad y en nuestro propio poder creador... seguimos mirando hacia afuera y nos maravillamos frente a los nombres extranjeros y sus manifestaciones, creyendo que saben más, que solo ellos tienen las respuestas, que nos pueden enseñar lo nuevo, o lo importante, en fin...

La verdad es una sola y global, matizada por todas las creaciones dentro de sus extremos y opuestos, por donde transitaremos todos hacia el centro de la perfección, desde el trocito de verdad parcial que va entramándose con otras verdades parciales hasta abarcar la total que resuena en el corazón. Por esta vez y en este tiempo reconozcámonos como líderes, quienes tenemos la respuesta y la llave que busca la humanidad, y que una vez que la hagamos vida en nosotros, también esplenderá en todos.

Las lenguas griegas y mayas antiguas, según el investigador J. Churchward, provendrían de una lengua ancestral conocida como *mayas*, que sería la lengua de Mu. Los murianos sabían que grandes Maestros habrían llegado a nuestra Tierra a través de estaciones planetarias de Venus y de Saturno. Cuando se les confundió con dioses en las religiones del pasado, los consideraron creadores de universos.

La sabiduría de la India, que vemos tan lejana e influyente, habría sido enseñada por los mayas, herederos de Mu; mapuches estarían en contacto con Marepuantú, Maestro divino, quien los habría advertido del día y hora en que sucedería el diluvio provocado por seres creadores, y son depositarios a través de sus Renús de la sabiduría del origen divino del hombre.

Los calendarios, como el inscrito en la Puerta del Sol en Tiwanaku, construcciones y templos ancestrales americanos, como Teotihuacán y sus sabias construcciones cosmotelúricas, tienen referencias exactas de tiempo y ciclos de Venus, las Pléyades, Orión, Sirio, entre otros.

El *Popol Vuh*, los *Anales de los Cakchiqueles*, los códices Troano, Dresde, París, y otros de la civilización maya, señalan avances científicos, astronómicos, códigos morales y espirituales de altísima comprensión.

Resulta interesante notar que en esta zona terrestre no se habla de experimentos genéticos, pero tal vez sí los hubo; no se habla de utilización de esclavos para explotación de minas de oro, como en el caso de las tablillas sumerias, pero sí se habla de ciudades etéreas de alta frecuencia: Paititi, Ciudad de los Césares, Shasta, y tantas otras aún desconocidas para muchos. Se habla de creadores, de preparaciones, aprendizajes y de un tiempo de esplendor donde todos se reunirán en la victoria del AMOR. ¡Esto es América!

Información complementaria

Ciencia cósmica

¿Qué es lo que hace un ser para recuperar su condición original que le permita obtener la victoria sobre todo y entrar más allá de las limitaciones creadoras, más allá incluso de los impactantes ejemplos que tuvieron nuestros ancestros de parte de los mal llamados dioses y su poder de control de las fuerzas de la naturaleza? Es decir, ¿poder alcanzar el conocimiento de sí mismo y de su origen extraviado en la densidad de la materia?

Vamos a hacer un recorrido partiendo una vez más por los uros para lograr resolver estas interrogantes, lo que a la luz de estos tiempos es absolutamente posible. Vamos a saber qué significa ser dioses y quedarás sorprendido, porque no es lo que dice el diccionario, o lo que entendemos como tal, y no lo asociemos todavía al gran significado de Dios.

Comencemos por el origen de la vida humana en este planeta. Los uros son los verdaderos hijos de la Tierra, y narran en su historia una gran verdad que tiene que ver con la expansión de la vida en este lugar del Cosmos, de acuerdo con los eventos del Sistema Solar. En una época, cuando los colonizadores de este planeta empezaron a ajustarlo para generar nuevas formas de vida más avanzadas conforme al Gran Plan, descorrieron las redes energéticas que habían permitido que las manifestaciones ya existentes pudieran desarrollarse en vehículos apropiados a la vibración planetaria del momento.

Para ello fue necesario en un principio que los rayos del sol (emisiones) no llegaran directamente a la Tierra, tal como el orden de eventos cósmicos lo dirigía; entonces, crearon rejillas protectoras y generaron satélites que reflejaran su luz en forma más adecuada a estos requerimientos. (Es bueno saber que hoy la ciencia habla de la esfera de Dyson, la cual justamente serviría, entre otras cosas, para proteger planetas o sistemas de efectos externos nocivos.)

Cuidaban la floración de esta nueva forma de vida como en un invernadero; debían preparar los envases ajustados al estado del ser-luz que lo ocuparía en su manifestación en la materia, y serían aquellos cuyas frecuencias por sus propios procesos creativos en proceso de densificación ya estaban en correspondencia con la lenta vibración terrestre.

(Extracto de *Surameris y el cofre de los secretos*.)

¿Cómo fue desarrollándose la historia?

Cuando descorrieron la malla y el sol inundó la Tierra, llegaron en miríadas aquellos seres que debían ajustar sus patrones vibratorios alterados a la nueva forma de vida solar, y se incorporaban en habitáculos apropiados a sus frecuencias (modelos genéticos creados para acoger a estos aprendices viajeros). Empezaba la experiencia de aprendizaje dentro de la dificultad de los opuestos. Entonces sus creaciones se fueron entrelazando y formaron la historia de la humanidad. Con ello crearon victorias, lazos y deudas; estas últimas, derivadas de los errores en el aprendizaje, que les obligan a repetir las experiencias en distintos escenarios a través de sus distintas incorporaciones.

Así, estos seres-energía debían manifestarse en sintonía con los encajes de frecuencias adecuados hasta alcanzar el éxito creativo y lograr salir de ese encierro virtual. Estos encajes de frecuencias constituyen los habitáculos de familias, razas, naciones, culturas, épocas y situaciones en que sincronizan sus experiencias de acuerdo con su plan de aprendizaje. Su objetivo siempre es el mismo, recuperar su identidad real fuera de las limitaciones autocreadas para lograr la libertad definitiva que les permitirá expandir correctamente su tarea creativa por los confines del Universo, tal como era en el origen mediante el poder cohesionador del Amor.

(Extracto de *Surameris y el cofre de los secretos*.)

Una tierra de cristal y el fin de la ignorancia

Fuerzas cósmicas y telúricas en América han sido detectadas en Rusia por parte de científicos; Goncharov, Moroz y Mokarov descubren la existencia de líneas magnéticas alrededor del planeta que lo convierten en un dodecaedro superpuesto a un icosaedro, como si la Tierra hubiera sido alguna vez un GRAN CRISTAL, o hubiera estado condicionada en su naturaleza energética por un núcleo cristalino. En un mapa geográfico localizaron estas culturas antiguas nada menos que siguiendo las líneas magnéticas del icosaedro.

Paralelamente, arqueólogos mexicanos hallaron en Teotihuacán, justamente bajo la Pirámide del Sol, una red de túneles que en un principio creyeron naturales, los cuales confluyen en una construcción subterránea con forma de una triple cruz, similar a la Cruz Templaria, a la de Malta o a la misma Chacana andina. En su interior encontraron algunos elementos y espejos que dieron a los investigadores la idea de que pudieron ser utilizados para conectar con los inframundos.

El teósofo Hudson, quien habría realizado una investigación en la Pirámide del Sol concerniente al efecto de visión remota

—que es la que hoy practican científicos en The Farsight Institute, en Estados Unidos—, dijo que sacerdotes mesoamericanos ancestrales realizaban rituales (*rito*: correcto uso de las energías) bajo exactos y estrictos conocimientos individuales, y luego de haber descubierto sus propios potenciales del origen, entraban en contacto, sin intermediarios, con el Sol, Marte y Venus, planetas que ellos consideraban gobernados por grandes seres.

Hudson señala también que los colores de los ropajes de estos sacerdotes, así como de sus templos, debían estar en resonancia mutua o vibración armoniosa con dichas fuerzas o inteligencias suprafísicas. Se podía ver a simple vista cómo se encendían en luz cuando la fuerza solar pasaba rápidamente al bajar hacia la cabeza, llenando todo el vehículo físico y generando resultados que para muchos resultarían milagros o magia, por no tener la comprensión de las leyes que ponían en movimiento.

Hoy sabemos que la fórmula ahí está, la encontramos en nuestro programa original, y es tan simple... Con el paso del tiempo estas prácticas fueron derivando en supersticiones y reinterpretaciones debido a la ignorancia de los remanentes, así como de los recién llegados, que debían hacer todo el recorrido de aprendizaje antes de poder reconocer y ejecutar nuevamente la fórmula correcta.

En esas épocas, los sacrificios individuales como ofrendas, que incluso consideraban el suicidio lanzándose desde lo alto de las pirámides, y como forma ritual equivocada, generaría en estos sacrificantes resultados posteriores donde la ignorancia de sí mismos los haría volver una y otra vez a usurpar e imitar la fórmula original hasta que experiencias sucesivas les dieran la oportunidad de comprender su equivocación y quizás enderezar su camino con su propio aprendizaje... ¿Con cuál de estas prácticas nos identificamos? ¿La del sacerdote que se descubre a sí mismo y logra su encendido por su propia experiencia? ¿O con el sacrificado? América está compuesta por ambos, y es el momento del esplendor.

¡Que el sacerdote irradie su luz e ilumine al sacrificado para que deje la usurpación y comience su propio encendido, puesto que todos somos UNO en la malla del Universo tejido por nuestra creación! América nos necesita, la Tierra nos necesita... Todos están en sus puestos en los distintos continentes, pero nosotros tenemos que dar la señal de encendido, desde nosotros mismos y comienza por la CONEXIÓN... el mayor poder del Universo llamado AMOR.

Mitos, experiencias, aprendizajes y revelación

De acuerdo con las profecías andinas, se habla de nuestro tiempo como el comienzo del Quinto Pachacuti. Este término se identifica como un cambio cosmológico representado por el movimiento de las aguas, nuestra inversión del espacio-tiempo que modifica las edades y consolida un nuevo orden. Constituye el movimiento cíclico que dio lugar a la creación del Cosmos en un sistema de fluidez inacabado y de equilibrio constante.

Dentro de las representaciones de ciertas deidades, directores de fuerzas o potencias de estos pueblos originarios se encuentra Chac-Mool, a quien algunos atribuyen el poder de la lluvia, el control del elemento agua. Se le asocia también a Tláloc. Esta figura Chac-Mool tiene sobre su estómago, o plexo solar, una fuente que se llena con agua, simbolizando que este elemento está contenido en el ser y representa un poder.

Si lo relacionamos a nuestra información (amigos pinealistas), sabemos que corresponde a la reserva de poder en relación con el potencial de creación. ¿Qué sabiduría se escondía en esta América sorprendente?

Dentro de las coincidencias entre las principales profecías americanas está la cifra cinco soles, Quinto Pachacuti, 500 años, quinta vuelta, los cinco procesos del calendario azteca, etc. El 5 se vincula al extenso período de aprendizaje doloroso entre españoles y las civilizaciones ancestrales para cumplir el Plan de América en y para el nuevo tiempo, que es este (la cifra 5, quinto o quinientos ha pasado, considerando desde la llegada oficial de Colón); en todos estos vaticinios aparece el esplendor de esta generación americana y su futura pertenencia a la generación de los inmortales de la Tierra, tal como lo reveló Moctezuma a sus súbditos. La profecía Inkarri anuncia: *Esperanza de liberación y restitución del orden cósmico en trayectoria espiral*.

La simbología presente en tradiciones, mitos e informaciones, así como los objetivos de las construcciones en las culturas antiguas de este continente, refleja una información que parece superar a los mismos postulados actuales de la física cuántica, la exobiología, la astronomía, incluso de la química nuclear. Tomemos como ejemplo al azar los hallazgos realizados en la pirámide del Sol, los cuales contienen una información impactante, aunque nunca se publicaron.

Sobre el quinto cuerpo de la pirámide había una capa gruesa de mica. Aparentemente este material fue retirado de su lugar cuando se hizo la restauración. Coincidentemente, se halló un «templo de mica» al sur de esta pirámide del Sol, cuyo suelo está cubierto por hojas de ese mineral. La mica tiene dos características notables: alta resistencia a la electricidad y opacidad a los neutrones rápidos, por lo tanto, actuaría como aislante o moderador de la reacción nuclear. Así, también pasaban de la complejidad a la más pura y sabia simpleza: los mayas consideraban que cada elemento en la naturaleza era cooperador en la armonía cósmica, enlazado con sus propias vibraciones en forma geométrica, la cual cambiaba de tipo y cualidad a medida que cambiaba su vibración. La ciencia moderna ha encontrado que ninguna célula, ni molécula, sea animal, vegetal o mineral, escapa a la forma geométrica.

Para los mayas la tierra era una entidad viviente, íntimamente ligada a la existencia del hombre, tanto física como psíquicamente. Sabían que si se acostaban desnudos en la tierra, esta revitalizaba su fuerza, así como los árboles y el agua constantemente purificaban y revitalizaban al hombre como parte del orden cósmico.

Adornos estelares

¿Te has preguntado cuál es el origen de la costumbre de los pueblos ancestrales americanos de usar trenzas? Una de las explicaciones más lejanas que nos llegan es tal vez la más impactante. Cuando llegaron los colonizadores a esta parte de la Tierra, tenían en su haber cierto tipo de conocimiento, tesoros que deberían entregar a habitantes de la Tierra que ya se encontraban poblando áreas del planeta, los de las anchas y oscuras trenzas que en su trenzado y destrenzado grababan memorias ancestrales que permitían a los que siguieran su ejemplo mantener ciertas enseñanzas como leyendas. Si observamos hoy a los pueblos aborígenes americanos, siguen conservado este hábito casi como un ceremonial, y forma parte de ese sello que los distingue y sitúa en el rol de guardianes de las tradiciones originales.

También entre los viajeros estelares había tejedores que tejían especies de alfombras en un material de energía, y a medida que iban formando figuras adquirían solidez, y a través de estas se iban añadiendo propiedades específicas. Las alfombras y tejidos de los pueblos originarios hoy siguen llenos de símbolos y códigos con una gran información que, al estar presente en estos lienzos, adquieren la facultad de irradiar la permanencia de esas referencias que ayudarían a guardar en la memoria los recuerdos del origen.

Por último, tenemos a los narradores, quienes a través del sonido de la voz iban imprimiendo en las conciencias informaciones sobre nuestra historia real y universal por medio de leyendas, cuando aún no éramos capaces de comprender de manera más profunda esos orígenes. No hay que olvidar los adornos, pulseras, collares, aros, etc., que son recordatorios de elementos vibratorios, auriculares sónicos, resonadores, receptores y transmisores de frecuencias mucho más altas que las de este campo en que vivimos, con el fin de conectar con los campos superiores para recibir las coordenadas e indicaciones correctas a quienes les correspondían tareas específicas entre cielo y tierra. A quienes poseían estos «adornos» se les conocía como sacerdotisas, sacerdotes, gobernantes. Estamos hablando de muuuucho tiempo atrás.

Recuerdos y lecciones aprendidas

Te dejo un pedacito de oasis en medio de tanta información que estoy entregando y, para ello, volvamos a adentrarnos en el desierto. Hay un antes y un después de habitar el desierto de Atacama, luego de haber conocido en su grandeza la maravillosa obra de su naturaleza que ni el pintor más sublime podría reproducir con precisión:

- Cuando el respeto hace caminar de puntillas cada tramo de su vasto territorio.
- Cuando el agua cristalina que se esconde en grutas y vertientes entre la apariencia de sequedad, como el adusto padre que no quiere evidenciar sus sentimientos amorosos ante sus hijos, se vierte a raudales en las manos de quienes lo quieren.
- Cuando se ha probado su severidad ante el osado que pretende invadirlo sin amarlo.
- Cuando se conoce a sus pueblos ancestrales, esa savia que lo recorre fluyendo con él y descubriendo el milagro en cada día.
- Cuando se ha experimentado su protección y vivido su amor… luego de ello, ya nada será igual.

Mi testimonio atacameño

Más de diez años viviendo en el desierto de Atacama, compartiendo la soledad con los atacameños, uno de los pueblos originarios más puros del cordón andino en su cultura ancestral, me permitió en algo conocerlo y compartir su historia llena de sabiduría, revelando lo insondable a cada paso de ese profundo caminar hacia sí mismo... porque no se puede habitar el desierto desde la calidad ciudadana, sin tener el valor de enfrentar su silencio y su vastedad iniciática que no perdona las debilidades y engaños de la personalidad humana.

Dicen que solo en los desiertos se está más cerca de Dios, y no puede ser de otra manera, pues en su soledad inmensa es imposible no reverenciar la creación desde ese estado de indefensión aparente... porque el desierto, aunque no se crea, es protector de sus habitantes. También se habla de estos lugares como los más puros del planeta, y que sobre los 2,300 metros de altura (situación del altiplano de este desierto chileno) se está fuera de la capa psíquica de la polucionada creación humana. Es un espacio de sueños y enseñanzas que nacen con el alba y que no se pierden al caer el día para dormir bajo su bóveda luminosa, creyendo poder abarcarla con los brazos extendidos.

Más allá de las propias experiencias están los asombros, aquellos que aparecen cuando se descubre la savia andina de sus poblados perdidos en los contrafuertes cordilleranos, enseñándonos desde cómo caminar la tierra, descubrir los ritos cotidianos que hicieron una vez saborear la vida perfecta cuando se está en equilibrio con la naturaleza, hasta comprender que el arte no está solo en las ciudades, sino que vive en el espíritu de pueblos ancestrales cuya comunicación cultural se afirma en una constante creación desde el principio de los tiempos.

Esos *señores del desierto* que constituyen esas minorías étnicas, casi en extinción en los contrafuertes cordilleranos, tienen el arte de la vida en sus actos cotidianos... y están a punto de extinguirse. Son los atacameños, antigua cultura del norte de Chile.

El arte de caminar la tierra

Doña Julia tenía 90 años, menuda, apenas se empinaba por el metro cincuenta. Cada mañana muy temprano cargaba su hato de leña recogido al alba que doblaba su tamaño y se lo echaba a la espalda, sin encorvarse, para partir junto a sus dos perros hacia el próximo poblado distante doce kilómetros de su casa en la montaña. Tardaba unas cuatro horas en ir y venir y se la veía llegar fresca como una lechuga para comenzar a preparar su almuerzo.

No había camino expedito en ese recorrido, debía cruzar varias quebradas antes de llegar a destino. ¿Cómo lo hacía para ir y venir tan suelta de cuerpo?

Quien tuviera la oportunidad de seguirla en su recorrido y observarla vería que caminaba a pasitos cortos, como deslizándose por la tierra, delicada y ágilmente. No descansaba ni de ida ni de regreso, mientras para cualquier ciudadano esa era una hazaña imposible.

Don Julián Colamar, el sabio de Caspana que partió a los cielos atacameños hace ya unos cuantos años, me explicó en su oportunidad: *Antes, cuando los camiones mineros aún eran conducidos por nuestra gente, nunca hubo accidentes en el camino, no existían esas* Animitas* *que hoy se ven por todas partes. Lo que ocurría era que antes de viajar primero pedían permiso a la Pachamama y con mucho respeto la recorrían. Lo mismo ocurre con el caminante andino que, para recorrer la tierra, siempre solicitaba*

---

*Animitas: señales en las carreteras que indican accidentes y que son recordatorios de los fallecidos.

su venia y en una permanente reverencia sin inclinar su espalda, pisándola con cuidado, se dejaba llevar por ella, con amor... porque la Pachamama cuando ve que sus hijos la quieren, entonces los acoge y los lleva... como ves, es un asunto de Amor.

El arte de hacer llover

Dos años sin lluvia, pastizales secos y animales hambrientos hicieron que don Felix, *puricamán* (sabio) de Turi, decidiera recurrir a sus ritos ancestrales para que el agua llegara a salvarlos de la sequía. Así fue como partimos una mañana a Tocopilla. Él cargaba con un pequeño hato conteniendo siete botellitas de agua recogida el día anterior en siete vertientes en las montañas aledañas, hojas de coca, incienso de coba, vasitos y otros implementos para usar una vez que nos encontráramos frente al océano. Lo acompañaba solo su familia.

Una vez en el lugar, algo retirada de la escena, contemplé cómo en una solemnidad profunda conversaba con el mar mientras vertía el contenido de los frasquitos para enseguida volver a llenarlos con líquido oceánico, luego de haber realizado su ceremonial sagrado. El regreso se hizo en respetuoso silencio. De inmediato se dirigió veloz a vaciar esa agua salobre a las mismas vertientes de donde antes había extraído su cristalino contenido. Al anochecer una lluvia plácida y serena remojó los secos parajes. *Ya no es lo mismo, mi gente está dejando de creer, por eso llovió poquito*, comentó con tristeza el sabio.

Antiguamente los pueblos originarios acostumbraban hacer ofrendas en las cumbres de sus cerros tutelares, montañas sagradas que aún hoy son reconocidas como tales por sus descendientes. Dos veces al año subían a esos santuarios de altura para cuidar sus cultivos ahí sembrados y ofrecerlos a sus deidades solares y a sus antepasados. Hoy dejaron de hacerlo, no hay quien asuma la tarea.

Al respecto, estudios etnobotánicos demuestran que los sembradíos realizados en las cumbres de los cerros provocan microclimas en sus bases y los poblados que allí se forman se benefician de una constante humedad que en tiempos de sequía protege sus cultivos y animales. Ejemplo de sabiduría para nuestras conciencias ciudadanas.

El arte de pintar la vida

Tuve el privilegio de descubrir que nuestros ancestros andinos eran pueblos de artistas, herederos de las milenarias culturas americanas cuya fórmula de transmisión de su sabiduría se basaba justamente en la gráfica y sus símbolos; fue a raíz de la creación de los talleres de arte en esos poblados altiplánicos, con los adultos herederos más cercanos a sus potencias originales creadoras. Esos talleres fueron también mi escuela, pues ahí aprendí sobre el alma de esas comunidades.

Dorita, como la mayoría de las mujeres, era pastora. Todos los días después de guardar sus llamas en sus corrales de piedra llegaba al taller del pueblo de Toconce a trabajar en sus pinturas que sobresalían por su limpieza de colores y temática mágica. Una tarde dejó de venir, había partido hacia las montañas bolivianas en busca de dos de sus animales que se habían extraviado.

Pasó una semana, hasta que un atardecer la vi llegar presurosa para enfilar directamente al taller. Sus pies cubiertos de polvo asomaban por sus sandalias de plástico negro y su sombrero raído hablaba de intemperie y sol ardiente en su búsqueda solitaria por esas cumbres agresivas. Le sugerí que primero descansara de su viaje, pero su respuesta fue determinante: *Las dos llamas se me perdieron, se las comió el león, así es que voy a pintarlas ahora porque quiero que sigan viviendo, después ya reposaré.* Al terminar, dos bellas pinturas estaban sobre la mesa, cada una representaba con una fidelidad asombrosa a sus dos animales extraviados, eran Paro y Alca, y estaban vivos para siempre.

El arte de seguir las huellas

Don Alejandro apenas sabía de estudios, pero conocía al dedillo las claves de la naturaleza para descubrir, entre otras cosas, a los intrusos que de vez en cuando se introducían en los sembrados para sacar sin permiso algunas verduras. No había huellas que seguir, simplemente pasaba sus manos por las piedras, los arbustos y la tierra mientras iba relatando el recorrido: *Por aquí pasó, ¿ve usted?, la tierra está suelta, las ramas están más tibias, la roca está vibrando… ya vamos llegando a donde se escondió, va a ver usted, encontraremos su bulto con las cosas*. Y así fue.

Signos

Hace solo un par de décadas, las cadenas montañosas de los Andes, en el altiplano del desierto de Atacama, posaban sus velos blancos de nieves eternas sobre extensas vegas verdes ataviando la tierra como para una fiesta sagrada e impactaban a los visitantes que tuvieron la oportunidad de contemplarlas. Era un espectáculo común para los habitantes de esas latitudes; siempre había sido así. Sería el último regalo de la naturaleza antes de desvestirse para siempre de esos mantos albos para contagiarse definitivamente con la variedad de ocres, amarillos y violetas de la magia colorida del desierto con que hoy se presentan.

Así como la cordillera se ha quedado sin nieve, también los poblados del altiplano chileno están quedando vacíos de sus habitantes ancestrales, y con ellos de sus ritos sabios traslapados entre espíritu y ciencia, entre rito y costumbre. El arte de la naturaleza también tiene códigos que descifrar, signos que señalan armónicamente que ya nada será igual, que la retirada blanca desde las cimas cordilleranas indica que la Tierra está cambiando.

Ellos, los pueblos originarios, sabían leer los signos que el entorno les entregaba. ¿Sabremos nosotros comprender el Arte que nos pinta la Tierra?

(Extracto de *Surameris y el cofre de los secretos.*)

Epílogo

El objetivo final de este libro es revelar y demostrar qué significa América dentro del futuro potencial del planeta, y cuál es nuestro rol y nuestra responsabilidad por ser habitantes de este continente. Con una información seria, documentada y alucinante, que no pretende convencer sino mostrar el aspecto desconocido de este rincón del mundo, descubrimos que nuestra historia no es la que nos han contado, y que su transcurrir es mucho más extraordinario y trascendental que lo imaginado. Pero quien la conozca no quedará fuera de esta tarea, que lo hará único en su rol y formará parte de esta cruzada, que fue planeada desde el principio de los tiempos.

Colón no es quien creíamos, no descubrió América, y no se llamaría Cristóbal Colón, sino que formaba parte como iniciador de la apertura del tiempo de preparación y aprendizaje (fuerte y doloroso, pero no exento de victoria) anunciado por los ancestros y refrendado por los iniciados para el esplendor del conglomerado de razas, recuperadas en su potencial Amor. ¿Su misión? Un mestizaje que aunará la información planetaria bajo el concepto de un Nuevo Mundo, donde quienes habitan esta parte del planeta tendrán la responsabilidad de completar el plan AMOR que desde el principio de los tiempos fue generado… Y esto es ahora.

Estamos en el momento de actuar. La segunda etapa de preparación comienza dentro de cada uno y termina en el esplendor de la Luz que iluminará y dará ejemplo planetario desde el Nuevo Mundo, y dará la señal a la humanidad que es la hora de amar. Para esta cruzada americana contamos contigo... ¡que lleguemos a ser miles, a ser millones irradiando Amor americano!

Así como la historia americana va poco a poco sacando sus velos de la ortodoxia y las bases parciales de información para dar un vistazo a las otras memorias que, pareciendo ficción a través de experiencias recientes de investigación y de hallazgos, se iluminan con una nueva mirada más amplia y posible, así el corazón americano va despertando en su memoria genética. Lo que elucubraciones intelectuales no han logrado, lo siente el corazón en la alegría de ser depositario de una cultura mucho más vasta de lo imaginado, y con ello la responsabilidad de sacar de sí mismo la verdad subyacente de su poder creador original para manifestar América. El Universo está con nosotros y la elevación de frecuencias del planeta —y por consecuencia la nuestra— por la intensificación de la actividad solar está encendiendo en un nuevo potencial lumínico nuestro equipo electrónico que somos, y por eso estamos listos para comprender y ejecutar este plan americano de conexión y recuperación del modelo original para así lograr la victoria. Es un trabajo, mejor dicho, una aventura diaria que tendremos que hacer nuestra... Verás los resultados y te asombrarán.

Un gran abrazo de luz azul.

Bibliografía

- *Anales de los Cakchiqueles* (libro sagrado maya-quiché).
- Asociación Cultural Cristóbal Colón, España. Investigaciones de Gabriel Verdi.
- Bilbeny, J., *El dit d'en Colom*.
- Carlos Barrios (historiador y antropólogo guatemalteco). Extracto de entrevista.
- Castro, F., *Surameris y el cofre de los secretos*. México: Editorial Diana, 2011.
- Charroux, R., *L'Histoire Inconnu des Hommes*.
- Churchward, J., *Mu, fuerzas cósmicas*.
- Churchward, J., *Los símbolos sagrados de Mu*.
- Crónicas de la Colonia (varios cronistas españoles).
- Crónicas de toltequidad.
- Cosmogonía andina I, Fundación Taipinquiri.
- Cosmogonía andina II, Fundación Taipinquiri.
- De Madariaga, S., *Estudio firma de Colón*.
- Del Carmen Olázar, M. y F. Arenas, *La verdad sobre las piedras de Ica*.
- Diario de Colón.
- Dona, K., *The Klaus Dona Chronicles*.
- Elorrieta Salazar, F.E. y E. Elorrieta Salazar, *El valle sagrado de los incas. Mitos y símbolos*, Sociedad Pacaritanpu Hatha.
- Garnier Malet, J.P., *Cambia tu futuro*.

- Guzmán de Rojas, I., *Estudios informáticos y relaciones lingüísticas ancestrales*.
- Mapa de Peters.
- Morton, Ch. y Thomas C.-L., *Le Mystère des Crânes de Cristal*.
- Sabiduría Mapuche, investigación argentina (Aukanaw).
- Sitchin, Z., *El libro perdido de Enki*.
- Tompkins, P., *El misterio de las pirámides mexicanas*.
- Videla Eissmann, R., *Menhires y otros estudios*.
- Valmiki, *Ramayana*.